쓰윽쓰윽 타자실력

차시	날짜		빠르기	정확도	확인란		차시	날짜		빠르기	정확도	
1	월	일	타	%			13	월	일	타	%	
2	월	일	타	%			14	월	일	타	%	
3	월	일	타	%			15	월	일	타	%	
4	월	일	타	%			16	월	일	타	%	
5	월	일	타	%			17	월	일	타	%	
6	월	일	타	%			18	월	일	타	%	
7	월	일	타	%			19	월	일	타	%	
8	월	일	타	%			20	월	일	타	%	
9	월	일	타	%			21	월	일	타	%	
10	월	일	타	%			22	월	일	타	%	
11	월	일	타	%			23	월	일	타	%	
12	월	일	타	%			24	월	일	타	%	

이 책의 목차

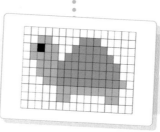

파워포인트 주요 기능 미리 살펴보기!

파워포인트를 실행하여 파일을 불러와요!

① [시작()]을 클릭하고 [PowerPoint 2016]을 찾아 선택하면 파워포인트 2016 프로그램이 실행돼요.

② 예제 파일을 불러오기 위해서 **[다른 프레젠테이션 열기]**를 클릭해요.

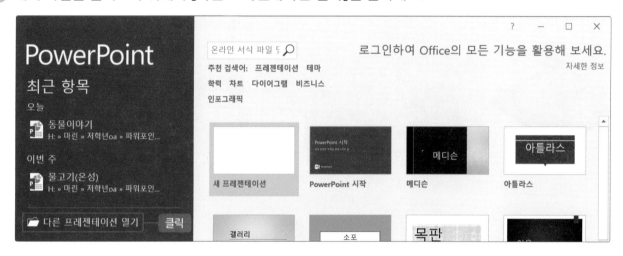

③ 다음과 같은 화면이 나오면 [찾아보기]를 클릭해요.

④ [열기] 대화상자가 나오면 [불러올 파일]-[Chapter 00]-**동물이야기.pptx** 파일을 선택한 다음 <열기>를 클릭해요.

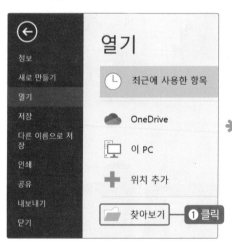

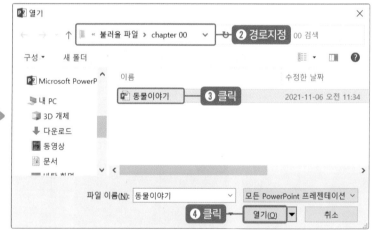

 💡 **대화상자가 뭐예요?**

컴퓨터와 사람이 서로 대화를 할 수 있도록 제공되는 특별한 창을 대화상자라고 불러요. 컴퓨터가 사람에게 무언가를 알려주거나, 입력(선택)을 요청하지요.

4

➎ 불러온 파일을 확인한 다음 문서를 작업할 수 있어요.

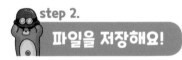
step 2.
파일을 저장해요!

➊ [파일]-[저장]을 누르거나 메뉴에서 🖫(저장)을 눌러요.

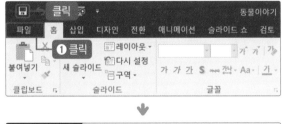

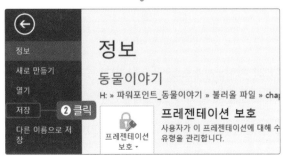

 팁 다른 이름으로 저장

[저장] 아래를 보면 [다른 이름으로 저장] 메뉴가 있어요. 이 기능을 이용하면 새로운 이름으로 원하는 경로에 작업 중인 문서를 저장할 수 있답니다.

○1 '닭'의 DNA로 부활하는 공룡

★ 파워포인트 프로그램에 대해 알아보아요.
★ 입력된 글자를 삭제하고 새롭게 입력해요.
★ 디자인 테마를 변경하여 프레젠테이션을 꾸며요.

완성 작품 미리보기

▶ 실습파일 : 닭.pptx   ▶ 완성파일 : 닭(완성).pptx

치키노사우르스

'닭'의 DNA로 공룡을 부활시킬 수 있을까?

재미난 동물이야기

여러분은 '치키노사우르스' 라는 이름을 들어보았나요? 치키노사우르스는 닭(치킨)과 공룡(사우르스)

이 합쳐져 만들어진 단어랍니다. 고대 생물학자 '잭 호너'는 공룡과 가장 닮은 동물로 '닭'을 이야기했고,

닭의 DNA를 이용하여 공룡의 코를 재현하는데 성공하였다고 발표했어요. 공룡을 동물원에서 만날 수 있다면

어떨지 상상해보는 것도 재미있겠죠?

가로/세로 열쇠를 참고하여 재미있는 십자말풀이를 완성해 보세요.

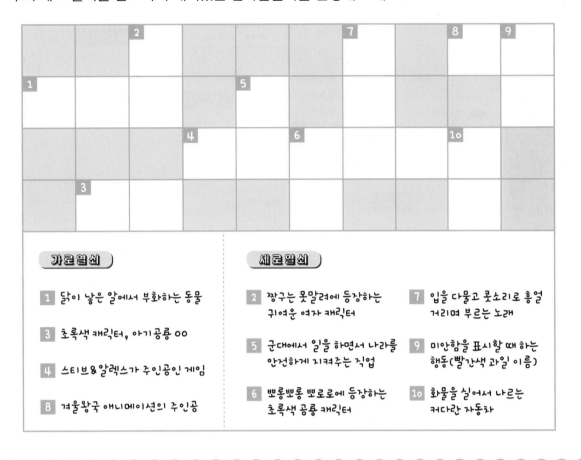

가로열쇠

1 닭이 낳은 알에서 부화하는 동물

3 초록색 캐릭터, 아기공룡 ○○

4 스티브&알렉스가 주인공인 게임

8 겨울왕국 애니메이션의 주인공

세로열쇠

2 짱구는 못말려에 등장하는 귀여운 여자 캐릭터

5 군대에서 일을 하면서 나라를 안전하게 지켜주는 직업

6 뽀롱뽀롱 뽀로로에 등장하는 초록색 공룡 캐릭터

7 입을 다물고 콧소리로 흥얼거리며 부르는 노래

9 미안함을 표시할 때 하는 행동(빨간색 과일 이름)

10 화물을 실어서 나르는 커다란 자동차

1 파워포인트를 실행한 후 실습 파일을 불러와요!

① 파워포인트 2016 프로그램을 실행해요.

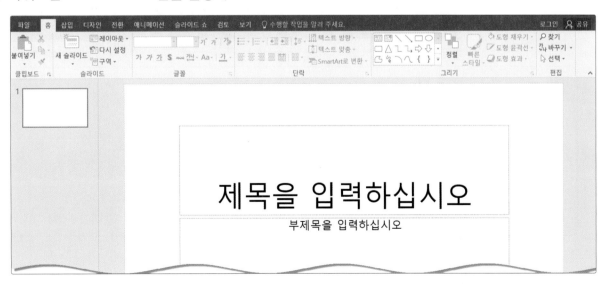

② [파일]-[열기]-[찾아보기]를 클릭해요.

③ [불러올 파일]-[Chapter 01_닭]-**닭.pptx** 파일을 선택하고 <열기>를 클릭해요.

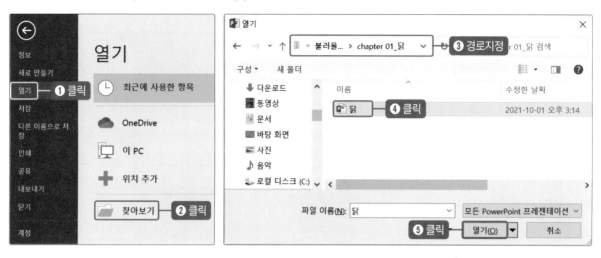

④ 불러온 파일을 이용하여 파워포인트의 화면 구성을 살펴볼까요? 꼭꼭 필요한 내용으로만 구성했답니다.

❶ **메뉴** : 파워포인트 작업에 필요한 모든 도구들이 들어있어요.
　　　　선택된 메뉴에 따라 보이는 도구들이 달라질 거예요.

❷ **슬라이드** : 문서를 작업하는 공간으로, 글자나 그림 등을 넣을 수 있어요.

❸ **축소판 그림창** : 슬라이드를 미리 볼 수 있는 화면이에요.

❹ **확대/축소** : 작업 중인 슬라이드를 크게 또는 작게 볼 수 있어요.

② 입력된 글자를 예쁘게 수정해요!

❶ 슬라이드에 입력된 제목 부분에서 **'킨'** 뒤쪽을 클릭해요.

팁 커서에 대해 알아보아요.

글자 사이를 클릭했더니 기다란 막대기가 깜빡깜빡 하는 것이 보이나요? 우리는 이것을 '커서'라고 부르기로 약속했어요. 컴퓨터에서 글자를 입력하거나 삭제할 때 '커서'를 기준으로 작업한답니다.

❷ Back Space를 한 번 눌러 **'킨'** 글자를 지운 다음 **'키노'**를 순서대로 입력해 보세요. Esc를 눌러 텍스트 선택을 해제할 수 있어요.

③ 디자인 테마를 변경하고 파일을 저장해요!

① [디자인]-[테마]-▾를 클릭한 다음 원하는 테마를 선택해요. 입력된 글자가 잘 보이는 테마를 고르는 것이 좋겠죠?

② 이번에는 [디자인]-[적용]-▾를 클릭하여 **[색]**을 변경해요.

 팁 **완성된 파일을 저장하는 방법**

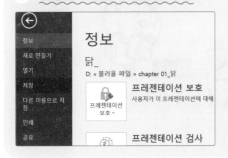

• [파일]-[저장]을 클릭하여 작업한 파일을 저장할 수 있어요.
• Ctrl + S 를 눌러 저장할 수 있어요.

 작품을 완성해요

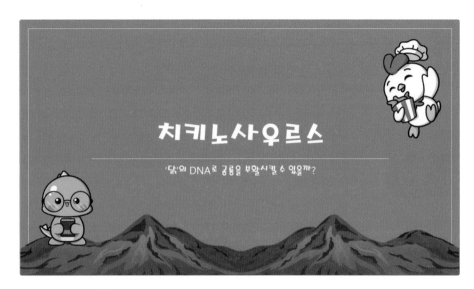

1 [디자인]-[적용]-▼ 에서 [글꼴]을 변경해요.

 **스스로 만들어요**

실습파일 : 닭_연습문제.pptx   완성파일 : 닭_연습문제(완성).pptx

1 그림과 같이 슬라이드의 제목을 수정하고, 이름을 입력해요.
2 디자인 테마, 색, 글꼴을 자유롭게 변경해요.
  [디자인]-[테마]-▼ / [디자인]-[적용]-▼
3 닭과 공룡 그림을 드래그하여 알맞은 곳에 배치해요.

02 '강아지'가 표현하는 꼬리 언어

★ 클릭, 드래그를 완벽하게 연습해요.
★ 개체를 뒤로 보내거나 앞으로 가져오는 방법을 알아보아요.

완성 작품 미리보기

▶ 실습파일 : 강아지.pptx   ▶ 완성파일 : 강아지(완성).pptx

재미난 동물이야기

　　강아지는 말을 할 수 없는 동물이기 때문에 다양한 행동으로 감정을 표현해요. 특히 꼬리의 움직임을 통해 강아지의 기분을 쉽게 파악할 수 있답니다. 우리는 꼬리를 흔드는 강아지를 보고 '반가움', '즐거움' 등을 표현한다고 생각하지만 항상 그런 것은 아니에요. 그렇다면 꼬리를 흔드는 패턴에 따라 강아지가 어떤 기분을 표현하는지 함께 알아볼까요?

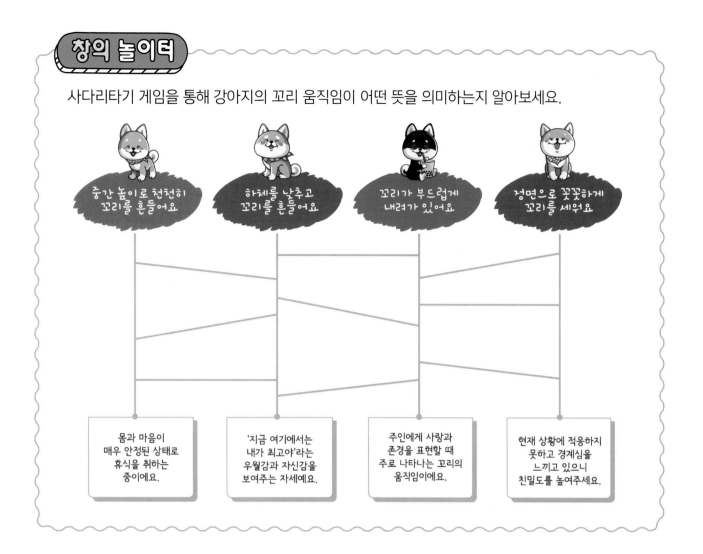

사다리타기 게임을 통해 강아지의 꼬리 움직임이 어떤 뜻을 의미하는지 알아보세요.

중간 높이로 천천히 꼬리를 흔들어요

하체를 낮추고 꼬리를 흔들어요

꼬리가 부드럽게 내려가 있어요

정면으로 꼿꼿하게 꼬리를 세웠어요

몸과 마음이 매우 안정된 상태로 휴식을 취하는 중이에요.

'지금 여기에서는 내가 최고야'라는 우월감과 자신감을 보여주는 자세예요.

주인에게 사랑과 존경을 표현할 때 주로 나타나는 꼬리의 움직임이에요.

현재 상황에 적응하지 못하고 경계심을 느끼고 있으니 친밀도를 높여주세요.

1 알맞은 위치로 그림을 이동하고 크기를 조절해요!

1 파워포인트 2016 프로그램을 실행하여 [Chapter 02_강아지]-**강아지.pptx** 파일을 불러와요.

❷ 슬라이드 오른쪽에 있는 여러 가지 그림 중에서 원하는 **눈 모양**을 얼굴 쪽으로 드래그하여 이동시켜요.

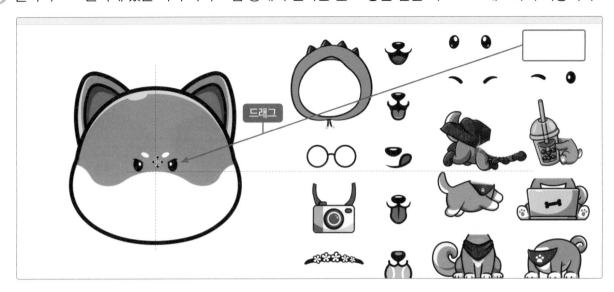

❸ 눈 모양 주변의 조절점()을 드래그하여 **크기**를 조절해요.

> 팁 **클릭과 드래그는 어떻게 하나요?**
> - 클릭 : 마우스 왼쪽 단추를 한 번 딸깍 눌러요.
> - 드래그 : 마우스 왼쪽 단추를 누른 채 원하는 곳으로 이동해요.

❹ 눈 모양의 중앙을 드래그하여 적당한 위치로 이동해요. Esc를 눌러 모든 선택을 해제한 다음 강아지 얼굴을 확인해 볼까요?

⑤ 똑같은 방법으로 강아지 얼굴에 **코·입 모양**을 만들어보세요.

팁 <u>다른 그림을 선택하고 싶어요.</u>

배치한 그림이 마음에 들지 않을 경우에는 ↩ (되돌리기)를 클릭하여 이전 작업으로 돌아간 다음 원하는 그림을 다시 드래그해 보세요.

2 그림을 앞으로 가져오거나 뒤로 보내요! ━━━━━━━━━

① 이번에는 강아지의 몸통을 만들어 볼게요. 슬라이드 오른쪽에서 원하는 강아지의 **몸통**을 드래그하여 이동시켜요.

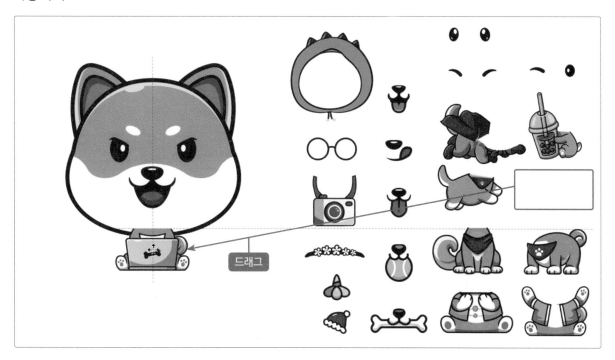

② 몸통의 크기를 조절한 다음 얼굴과 겹치도록 위치를 맞춰주세요.

③ 몸통 위에서 마우스 오른쪽 버튼을 눌러 **[맨 뒤로 보내기]**를 클릭한 다음 몸통의 크기와 위치를 다시 조절하여 자연스럽게 만들어요.

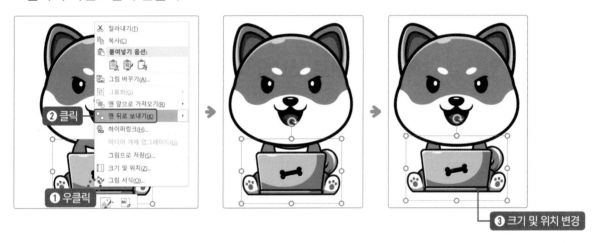

 🔵 **맨 뒤로 보내기와 맨 앞으로 가져오기**
그림이나 도형 등이 겹칠 경우에는 뒤쪽 또는 앞쪽 순서에 맞추어 잘 배치하도록 해요.

🔵 **크기 조절 및 위치 변경**
- 그림이나 도형의 '크기'를 조절할 때는 흰색 (🔘) 조절점에 마우스 포인터를 위치시킨 후 드래그하여 크기를 조절해요.
- 그림이나 도형의 '위치'를 변경할 때는 개체의 가운데 부분에 마우스 포인터를 위치시킨 후 원하는 위치로 이동시켜요.

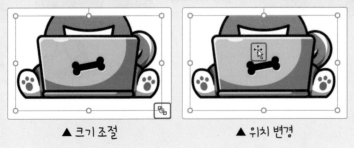

▲ 크기 조절   ▲ 위치 변경

❶ 슬라이드 주변에 있는 여러 가지 그림을 활용하여 귀여운 강아지를 완성해 보세요.

 스스로 만들어요

실습파일 : 강아지_연습문제.pptx   완성파일 : 강아지_연습문제(완성).pptx

❶ 슬라이드의 오른쪽 그림을 이용하여 강아지의 얼굴을 완성해요.
❷ 슬라이드의 오른쪽 그림을 이용하여 강아지의 몸통을 완성해요.

03 썰매를 끄는 루돌프 '순록'

배 우 는 기 능

★ 여러 가지 도형을 삽입해요.
★ 도형의 색상과 윤곽선을 변경해요.

완성 작품 미리보기 ▶ 실습파일 : 순록.pptx ▶ 완성파일 : 순록(완성).pptx

재미난 동물이야기

전 세계에는 50종이 넘는 사슴 종류가 있어요. 그중 산타를 태우고 썰매를 끌던 사슴은 누구였을까요? 바로 '순록'이에요. 순록은 몸무게가 300kg으로 체력이 좋고, 발굽 사이에 털이 자라있기 때문에 빙판 위에서도 미끄러지지 않아요. 또한 몸에 빽빽하게 덮여진 털로 인해 추운 지방에서도 따뜻하게 체온을 조절할 수 있지요. 이정도면 산타의 선택을 받기에 충분하겠죠?

![창의 놀이터]

왼쪽 카드와 오른쪽 카드 안의 개수를 더해 가운데 숫자를 만들기 위한 선을 연결해 보세요.

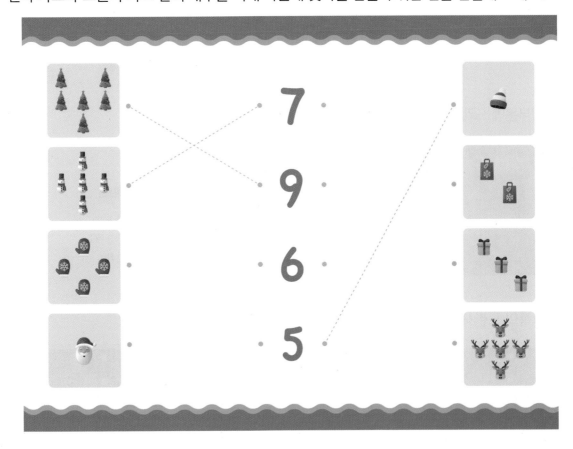

1 도형을 삽입하고 크기를 조절해요!

❶ 파워포인트 2016 프로그램을 실행하여 [Chapter 03_순록]-**순록.pptx** 파일을 불러와요.

② [삽입]-[일러스트레이션]-[도형()] → [별 및 현수막-**포인트가 5개인 별(☆)**]을 선택해요.

③ 트리 윗부분에 드래그하여 별 모양 도형을 그려주세요.

팁 도형을 그릴 때 알아두세요!

- 크기 조절 : 흰색 점을 드래그해요.
- 위치 변경 : 도형의 중앙을 드래그해요.
- 모양 변경 : 노란색 점을 드래그해요.

④ 도형 안쪽의 **노란색 조절점**을 바깥쪽으로 드래그하여 별 모양을 변형시켜요.

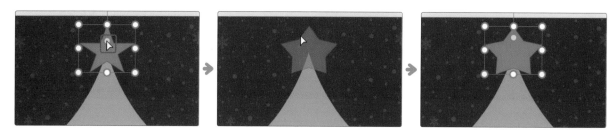

2 도형의 색상과 윤곽선을 변경해요!

① 별을 선택한 다음 [서식]-[도형 스타일]-[도형 채우기] → **[노랑]**을 클릭해요.

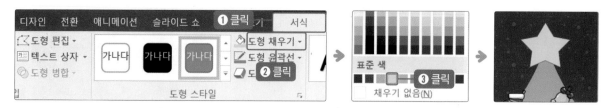

팁 더 많은 색상을 고르는 방법을 알려주세요!

[서식]-[도형 스타일]-[도형 채우기] → [다른 채우기 색]을 클릭하면 다양한 색상을 선택할 수 있어요.

② 이번에는 [서식]-[도형 스타일]-[도형 윤곽선] → **[윤곽선 없음]**을 클릭해요.

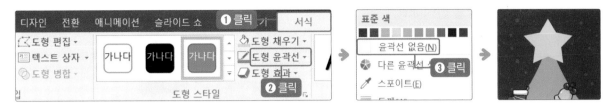

③ 곡선을 삽입하고 윤곽선을 변경해요!

① [삽입]-[일러스트레이션]-[도형(◻)] → **[선-곡선(⌒)]**을 선택해요.

② 아래 작업 순서를 참고하여 곡선을 그려요.

❸ 만들어진 곡선을 선택한 다음 [서식]-[도형 스타일]-[도형 윤곽선] → **[두께]**와 **[대시]**를 변경하고,
원하는 **윤곽선 색상**을 선택해요.

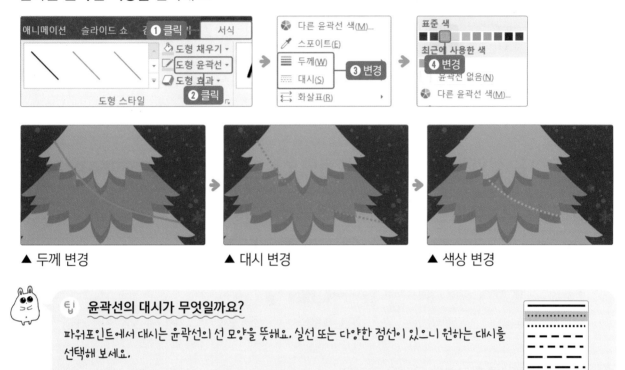

▲ 두께 변경   ▲ 대시 변경   ▲ 색상 변경

🐹 💡 **윤곽선의 대시가 무엇일까요?**

파워포인트에서 대시는 윤곽선의 선 모양을 뜻해요. 실선 또는 다양한 점선이 있으니 원하는 대시를
선택해 보세요.

❹ 똑같은 방법으로 곡선을 몇 개 더 만들어 보세요.

❶ 슬라이드 주변에 있는 여러 가지 그림을 활용하여 예쁜 트리를 완성해 보세요. 만약 곡선 때문에 그림이 가려진다면 [맨 뒤로 보내기]를 이용해 보세요.

스스로 만들어요

실습파일 : 순록_연습문제.pptx   완성파일 : 순록_연습문제(완성).pptx

• 순록의 눈 :
[기본 도형-타원(◯)]
→ 채우기(검정, 흰색)
→ 윤곽선(윤곽선 없음)
• 순록의 볼 :
[기본 도형-하트(♡)]
→ 채우기(노랑)
→ 윤곽선(윤곽선 없음)

❶ 오른쪽에 제시된 도형을 삽입하여 순록 캐릭터 얼굴을 완성해 보세요.
❷ [별 및 현수막]에서 다양한 별 모양을 삽입하여 예쁘게 슬라이드 배경을 완성해 보세요.

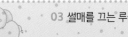

04 사막의 상징 '낙타'

배 우 는 기 능

★ 슬라이드의 레이아웃을 변경한 후 제목을 입력해요.
★ 도형에 스타일을 적용하고 텍스트 서식을 변경해요.

완성 작품 미리보기

▶ 실습파일 : 낙타.pptx ▶ 완성파일 : 낙타(완성).pptx

재미난 동물이야기

　　　　사막은 모래나 바위, 돌로 덮여있고 풀을 찾아보기 힘든 지역을 말해요. 또한 사막에는 비가 거의 오지 않아 땅이 말라있기 때문에 매우 건조하고, 항상 뜨거운 바람이 불어옵니다. 인간의 활동도 제한될 만큼 환경이 좋지 않은 장소이지만 '낙타'에게만큼은 사막이 최적의 장소라고 해요. 과연 그 이유는 무엇일까요?

24

에도쿠 게임 규칙을 읽어보고 표 안에 들어갈 선인장 모양을 그려보세요.

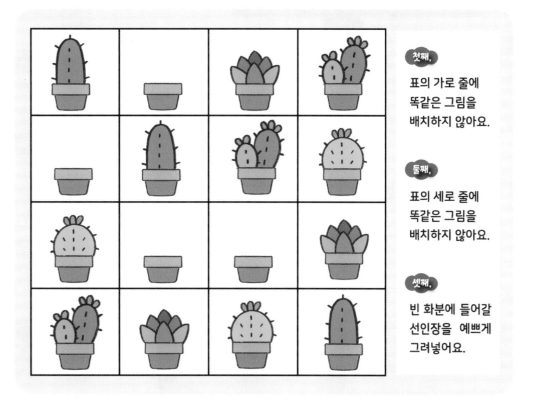

첫째,

표의 가로 줄에 똑같은 그림을 배치하지 않아요.

둘째,

표의 세로 줄에 똑같은 그림을 배치하지 않아요.

셋째,

빈 화분에 들어갈 선인장을 예쁘게 그려넣어요.

① 레이아웃을 변경하고 제목을 입력해요!

① 파워포인트 2016 프로그램을 실행하여 [Chapter 04_낙타]-**낙타.pptx** 파일을 불러와요.

❷ 슬라이드에 제목을 입력할 수 있도록 레이아웃을 변경해 보아요. [홈]-[슬라이드]-[레이아웃] → **[제목만]**을 선택해요.

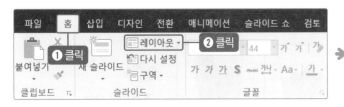 

 팁 레이아웃이 무엇인가요?
슬라이드를 꾸밀 때 글이나 그림을 보기 좋게 배치할 수 있도록 도와주는 틀이에요. 상황에 따라 필요한 레이아웃을 선택하여 작업하면 더욱 편리할 거예요.

❸ **'제목을 입력하십시오'** 텍스트 상자를 클릭한 다음 슬라이드의 제목을 입력해요.

  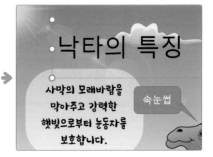

② 입력한 제목의 서식을 변경해요!

❶ 입력된 글자를 빠르게 세 번 클릭하여 블록으로 지정해요.

 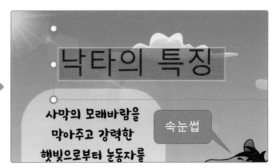

❷ [홈]-[글꼴]에서 **글꼴, 글꼴 크기, 글꼴 색**을 원하는 대로 지정한 다음 **텍스트 그림자(S)**를 선택해요.

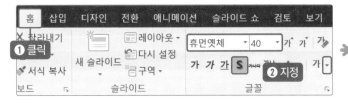 

 🐰 **글자의 색상이 바뀌지 않는 것 같아요.**

- 내용이 블록으로 지정되어 있을 때는 정확한 색을 확인하기 어려워요. Esc 를 눌러 블록을 해제한 다음 변경된 색상을 확인해보세요.
- Esc 를 두 번 연속으로 누르면 텍스트 상자까지 선택을 해제할 수 있어요.

❸ 이번에는 '**낙타**'만 드래그하여 블록으로 지정한 다음 **글꼴 크기**와 **글꼴 색**을 변경해요.

❹ 제목 텍스트 상자 안쪽을 클릭하고 [홈]-[단락]-[**오른쪽 맞춤(≡)**]을 선택해요.

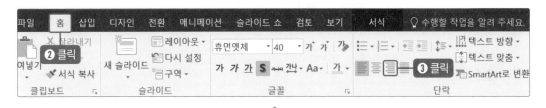

③ 도형에 스타일을 적용해요!

① '혹'이 입력된 도형을 클릭한 다음 [서식]-[도형 스타일]-▼를 클릭하여 원하는 스타일을 선택해요.

② 똑같은 방법으로 나머지 도형의 스타일도 변경해 보세요.

 팁 스타일은 무엇인가요?

파워포인트에서는 도형이나 그림 등에 스타일을 적용할 수 있어요. 스타일을 사용하면 도형의 테두리, 색상, 그림자와 같은 여러 가지 효과를 클릭 한 번만으로 쉽게 적용할 수 있기 때문에 편리하답니다.

 작품을 완성해요

❶ [홈]-[글꼴]에서 도형 안에 입력된 글자들의 서식을 변경해 보세요.

 스스로 만들어요

실습파일 : 낙타_연습문제.pptx   완성파일 : 낙타_연습문제(완성).pptx

❶ 레이아웃을 '제목만'으로 변경한 후 슬라이드의 제목을 입력하고 글꼴 서식을 변경해요.
❷ 화분에 사용된 도형을 선택한 다음 도형 스타일을 변경해요.
❸ 슬라이드 주변의 그림을 드래그하여 선인장 화분을 완성해요.

05 '코끼리'의 코가 길어진 이유

★ 복사와 붙여넣기를 연습해요.
★ 여러 가지 방법으로 개체를 회전해 보아요.

완성 작품 미리보기

▶ 실습파일 : 코끼리.pptx   ▶ 완성파일 : 코끼리(완성).pptx

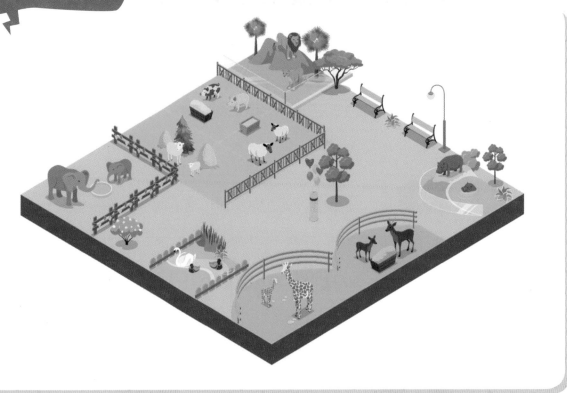

재미난 동물이야기

　　평균적으로 5000kg 정도의 무게가 나가는 코끼리는 육지에서 최고로 몸집이 큰 동물이에요. 커다란 덩치 때문에 머리를 숙여 음식을 먹는 일이 거의 불가능 했던 코끼리는 코를 이용하여 바닥의 풀을 뜯어먹거나 높은 나무의 열매를 따서 먹기도 했답니다. 코끼리가 코를 많이 사용하면서 더 길어지고 굵어지는 등 외형적으로 점차 발달되면서, 지금은 사람의 손처럼 자유롭게 사용할 수 있게 되었지요.

동물의 영어 이름과 알맞게 선을 연결해 보세요.

Monkey	Cow	Rabbit	Pig	Elephant
몽키	카우	레빗	피그	엘리펀트

1 복사와 붙여넣기를 연습해요!

1 파워포인트 2016 프로그램을 실행하여 [Chapter 05_코끼리]-**코끼리.pptx** 파일을 불러와요.

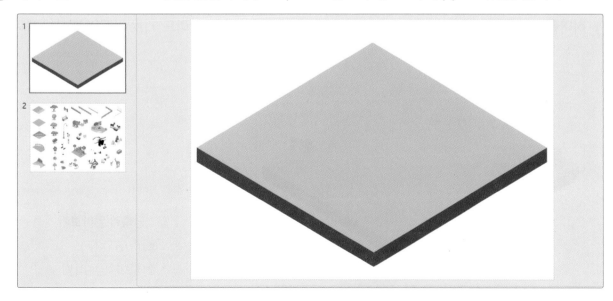

② [슬라이드 2]에서 **하마**를 찾아 선택한 다음 해당 그림 위에서 마우스 오른쪽 버튼을 눌러 **[복사]**를 클릭해요.

③ 다음은 복사한 하마를 [슬라이드 1]로 옮겨볼게요. [슬라이드 1]에서 마우스 오른쪽 버튼을 눌러 **[붙여넣기 옵션 : 그림]**을 선택해요.

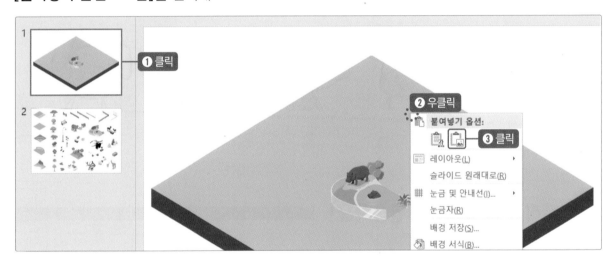

④ 하마를 원하는 위치로 이동시켜요. 똑같은 방법으로 **코끼리**를 [슬라이드 1]로 가져와 배치해 볼까요?

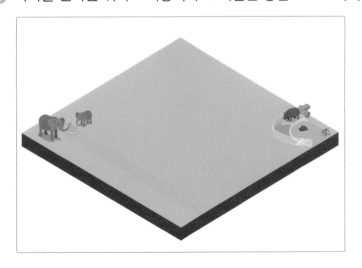

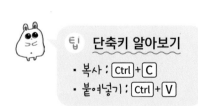

팁 **단축키 알아보기**
· 복사 : Ctrl + C
· 붙여넣기 : Ctrl + V

2 같은 슬라이드에 있는 그림을 복사하고 대칭해요!

1 코끼리 주변을 나무 울타리로 꾸며볼 거예요. [슬라이드 2]에서 첫 번째 **울타리**를 복사한 다음 [슬라이드 1]에 붙여 넣고 위치를 이동시켜요.

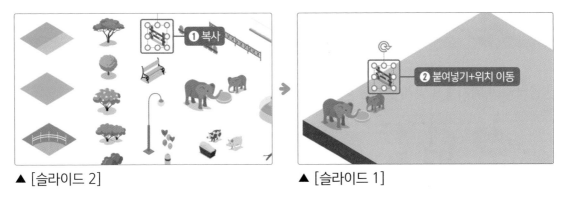

▲ [슬라이드 2]　　　　　　　　　▲ [슬라이드 1]

2 Ctrl을 누른 채 울타리를 드래그하여 복사해 보세요.

팁 **울타리의 위치가 잘 맞지 않아요!**
울타리가 선택된 상태에서 키보드의 방향키(←, →, ↑, ↓)를 이용하여 움직이면 그림을 미세하게 조절할 수 있어요.

3 울타리가 아직 좁아 보이네요. 똑같은 방법으로 울타리를 **두 개 더 복사**해요.

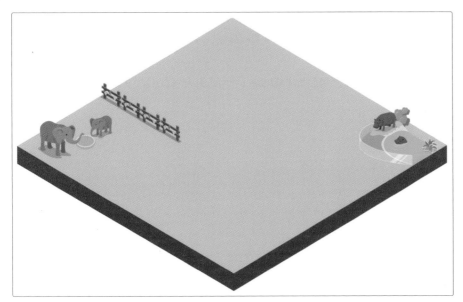

④ 이번에는 울타리의 방향을 바꿔서 완성해 보도록 할게요. 맨 마지막 울타리를 선택하고 [서식]-
[정렬]-[회전(△)] → **[좌우 대칭]**을 클릭해요.

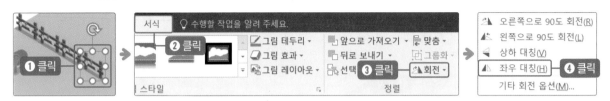

⑤ 회전된 울타리의 위치를 알맞게 변경한 다음 아래 그림처럼 울타리를 복사해 주세요.

⑥ 다음 과정을 참고하여 울타리를 선택한 다음 키보드 방향키로 울타리 위치를 알맞게 맞춰요.

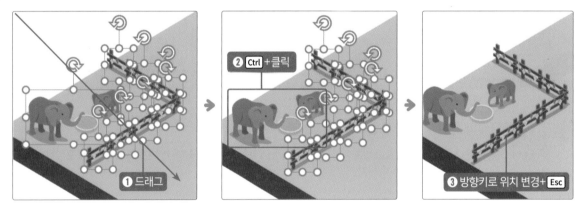

🐰 팁 **동물원을 만들 때 참고해 주세요!**
• 그림이 작아서 선택이 어려울 때 : 프로그램 오른쪽 아래에 확대/축소(— | + 68 %)를 이용하여 적당한
크기로 확대하여 작업해 보세요.
• 원하는 대로 그림이 배치되지 않을 때 : [맨 뒤로 보내기] 또는 [맨 앞으로 가져오기] 기능을 이용해 보세요.

 작품을 완성해요

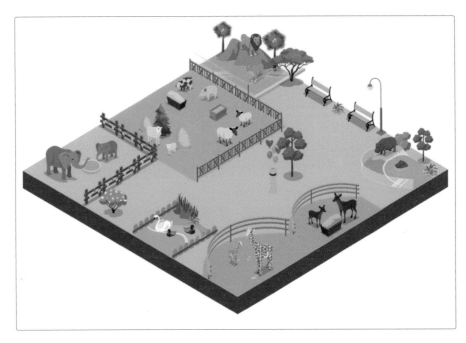

❶ [슬라이드 2]의 다양한 그림들을 활용하여 멋진 동물원을 완성해 보세요.

 스스로 만들어요   실습파일 : 코끼리_연습문제.pptx   완성파일 : 코끼리_연습문제(완성).pptx

❶ [슬라이드 2]의 코끼리 관련 그림들을 [슬라이드 1]로 복사하여 귀여운 코끼리 두 마리를 완성해요.
❷ [슬라이드 2]의 하트 모양 그림들을 활용하여 슬라이드 배경을 꾸며요.

06 '조개'가 진주를 만드는 방법

배 우 는 기 능

★ 도형에 여러 가지 효과를 적용해요.
★ 나타내기 애니메이션을 추가해요.

완성 작품 미리보기

▶ 실습파일 : 조개.pptx   ▶ 완성파일 : 조개(완성).pptx

재미난 동물이야기

　　조개는 껍데기 안으로 들어오는 모래알이나 기생충과 같은 이물질을 스스로 떼어낼 수가 없어요. 그렇기 때문에 조개에서 생성되는 분비물로 이물질을 감싸게 됩니다. 시간이 점점 흐르면서 이물질을 감싼 막은 점점 두꺼워지고 단단해지겠죠? 그 결과물이 바로 아름다운 '진주'라고 해요! 모든 조개에서 진주가 만들어지는 것은 아니니 참고하세요.

창의 놀이터

제시된 바다 관련 단어를 찾아보고, 새롭게 찾은 단어가 있다면 친구들과 비교해 보세요!

▶ 상어, 조개, 미역, 전복, 꽃게, 새우, 해마, 거북이, 문어, 고래, 가리비

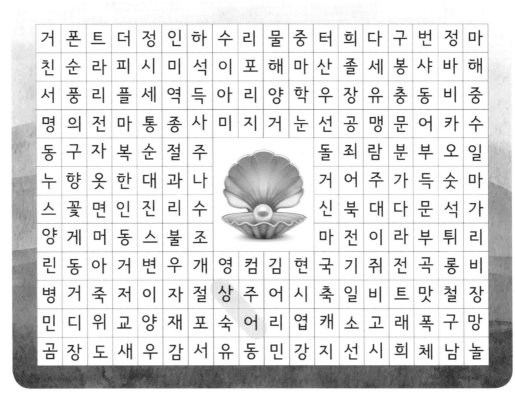

1 도형에 효과를 적용해요!

① 파워포인트 2016 프로그램을 실행하여 [Chapter 06_조개]-**조개.pptx** 파일을 불러와요.

② 조개껍데기 안의 흰색 원 도형을 선택한 다음 [서식]-[도형 스타일]-[도형 효과] → **[입체 효과]**에서 원하는 입체 효과를 선택해요.

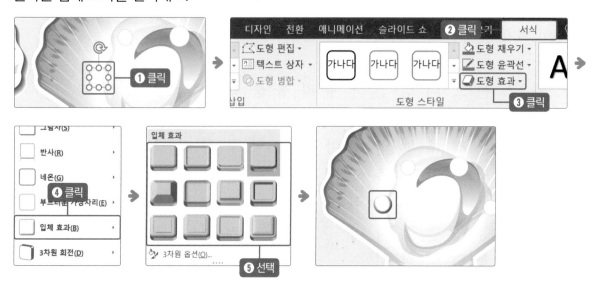

③ 이번에는 [서식]-[도형 스타일]-[도형 효과] → **[네온]**에서 원하는 네온 효과를 선택해요.

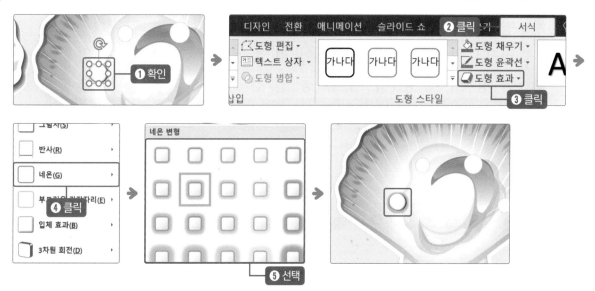

④ 똑같은 방법으로 나머지 원 도형에도 여러 가지 효과를 적용해 볼까요?

② 진주 도형에 애니메이션을 추가해요!

① 첫 번째 진주를 선택한 다음 [애니메이션]-[고급 애니메이션]-[애니메이션 추가(⭐)] → **[추가 나타내기 효과]**를 클릭해요.

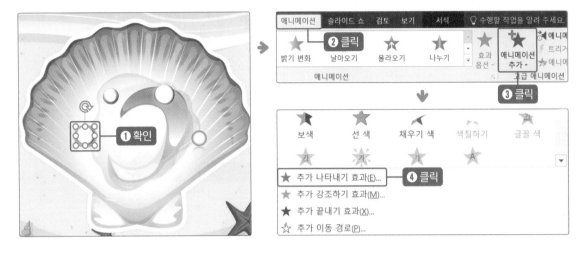

② 원하는 애니메이션을 선택한 다음 <확인>을 클릭해요. 단, 애니메이션 선택 시 **'효과 미리 보기'**를 체크하면 어떤 애니메이션인지 미리 확인할 수 있어요.

③ 똑같은 방법으로 나머지 진주에도 나타내기 애니메이션을 추가해요.

③ 애니메이션의 시작 옵션을 바꿔요!

① [애니메이션]-[고급 애니메이션]-**[애니메이션 창]**을 클릭해요.

② 오른쪽 애니메이션 창에서 첫 번째 나타내기 애니메이션을 선택한 다음 [애니메이션]-[타이밍]에서 **'시작'**을 **'이전 효과 다음에'**로 변경해요.

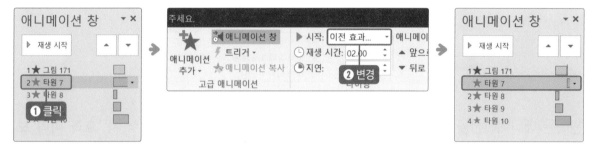

③ 똑같은 방법으로 나머지 3개의 나타내기 애니메이션도 **'시작'**을 **'이전 효과 다음에'**로 모두 변경해요.

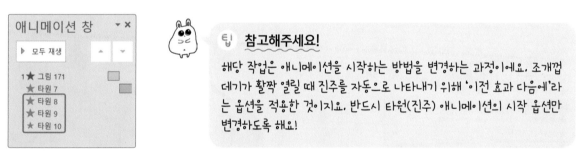

팁 참고해주세요!

해당 작업은 애니메이션을 시작하는 방법을 변경하는 과정이에요. 조개껍데기가 활짝 열릴 때 진주를 자동으로 나타내기 위해 '이전 효과 다음에'라는 옵션을 적용한 것이지요. 반드시 타원(진주) 애니메이션의 시작 옵션만 변경하도록 해요!

④ 왼쪽의 조개껍데기를 드래그하여 그림과 같이 덮어주세요.

 작품을 완성해요

❶ F5를 눌러 슬라이드 쇼를 실행해 보세요. 슬라이드 쇼가 실행된 상태에서 화면을 클릭하면 조개 껍데기가 열리면서 진주가 나타날 거예요.

 스스로 만들어요

실습파일 : 조개_연습문제.pptx   완성파일 : 조개_연습문제(완성).pptx

❶ 슬라이드 주변의 그림들을 활용하여 슬라이드를 꾸미고 다양한 그림 효과를 적용해요.
그림 효과는 [서식]-[그림 스타일]-[그림 효과]에서 선택할 수 있어요.
❷ 각각의 그림에 원하는 나타내기 애니메이션을 적용해 보세요.

 **'토끼'에 대한 오해와 진실**

배 우 는 기 능

★ 슬라이드를 추가, 복제, 삭제해 보아요.
★ 삽입된 도형을 다른 모양으로 변경해요.

완성 작품 미리보기

▶ 실습파일 : 토끼.pptx   ▶ 완성파일 : 토끼(완성).pptx

재미난 동물이야기

　　토끼가 등장하는 애니메이션이나 장난감을 살펴보면 언제나 당근이 그려져 있지요. 아마 대부분은 토끼가 가장 좋아하는 음식을 '당근'이라고 대답할 겁니다. 사실은 오래된 만화영화에서 토끼가 당근을 들고 주인공으로 등장하면서부터 '토끼와 당근'의 조합이 익숙해진 것이며, 실제로는 토끼에게 당근을 자주 먹이면 좋지 않다고 하네요. 우리가 잘 몰랐던 토끼에 관련된 또다른 진실을 알아볼까요?

창의 놀이터

배고픈 토끼가 당근 미로를 지나서 맛있는 피자와 치킨을 먹을 수 있도록 도와주세요!

1 슬라이드를 추가하고 삭제해요!

1 파워포인트 2016 프로그램을 실행하여 [Chapter 07_토끼]-**토끼.pptx** 파일을 불러와요.

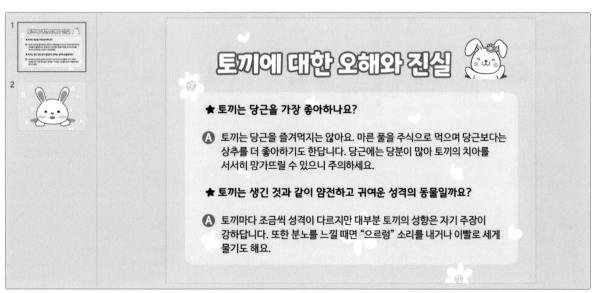

② [홈]-[슬라이드]-[새 슬라이드] → **제목 및 내용**을 클릭해요.

③ 추가된 슬라이드를 확인해요.

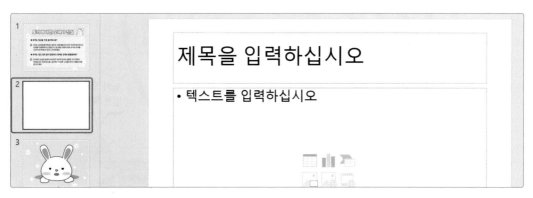

 팁 **슬라이드를 추가해요!**

축소판 그림 창에서 선택된 슬라이드를 기준으로 다음 순서에 새로운 슬라이드가 만들어져요.

④ 축소판 그림 창의 [슬라이드 2] 위에서 마우스 오른쪽 버튼을 눌러 **[슬라이드 삭제]**를 클릭하여 필요 없는 슬라이드를 삭제해요.

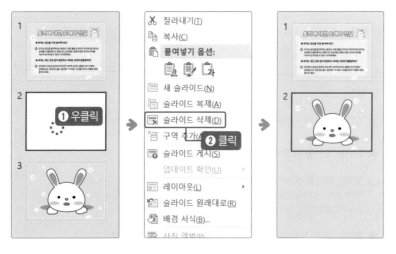

 팁 **더 간편하게 슬라이드를 삭제하는 방법!**

축소판 그림 창에서 불필요한 슬라이드를 선택한 다음 Delete를 눌러 지울 수 있어요.

② 슬라이드를 복제해요!

❶ [슬라이드 2] 위에서 마우스 오른쪽 버튼을 눌러 **[슬라이드 복제]**를 클릭하여 똑같은 슬라이드를 만들어요.

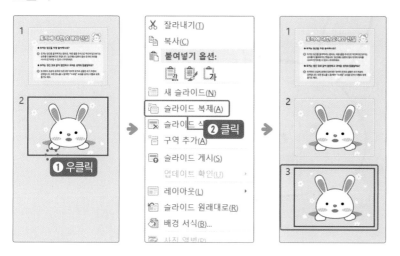

❷ 똑같은 방법으로 슬라이드를 2개 더 복제해요.

도형 모양 변경 기능으로 토끼의 표정을 바꿔요! ░░░░░░░░░░░░░░

① [슬라이드 3]을 선택한 다음 토끼의 **입**을 클릭해요.

② [서식]-[도형 삽입]-[도형 편집] → **[도형 모양 변경]**에서 원하는 도형을 선택해요. 책에서는 [수식 도형-곱셈 기호(⊗)]를 선택했어요.

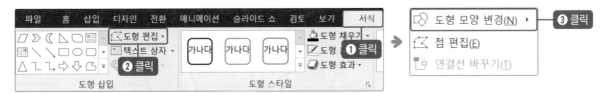

③ 똑같은 방법으로 토끼의 눈을 변경해요. 크기 및 위치를 적당히 변경하고, 필요에 따라 회전을 적용해요.

46

작품을 완성해요

▲ [슬라이드 4]

▲ [슬라이드 5]

❶ [도형 모양 변경] 기능을 이용하여 [슬라이드 4]와 [슬라이드 5]의 토끼 표정도 자유롭게 변경해 보세요.

스스로 만들어요

실습파일 : 토끼_연습문제.pptx   완성파일 : 토끼_연습문제(완성).pptx

❶ [슬라이드 1]을 복제한 다음 '도형 모양 변경' 기능을 이용하여 슬라이드 오른쪽의 지문과 같이 상황에 알맞은 토끼의 표정을 만들어 보세요.

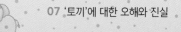

08 이만큼 배웠어요

퀴즈를 풀어보면서 지금까지 배운 내용을 정리해요.

1 이것은 파워포인트 프로그램에서 문서를 작업하는 공간으로, 글자나 그림을 넣을 수 있어요. 이것은 무엇일까요?

① 미리보기　　　　② 메뉴　　　　③ 슬라이드　　　　④ 디자인 테마

2 그림이나 도형을 반듯하게 복사하기 위한 방법으로 알맞은 것은 무엇일까요?

① Alt +드래그　　② Ctrl +클릭　　③ Ctrl + Shift +드래그　　④ Shift +더블클릭

3 다음은 어떤 기능을 이용하여 나온 결과일까요?

① 잘라내기

② 슬라이드 복제

③ 레이아웃

④ 슬라이드 쇼

4 조개껍데기의 분비물이 딱딱하게 굳어 만들어진 알갱이를 무엇이라고 부를까요?

5 낙타가 사막에서도 잘 살아갈 수 있는 이유를 한 가지만 적어보세요.

48

아래 작업 순서를 참고하여 슬라이드를 완성해요.

실습파일 : 8_연습문제.pptx   완성파일 : 8_연습문제(완성).pptx

작업 순서

❶ [슬라이드 2]의 아이템 꾸러미에서 원하는 아이템을 선택한 다음 복사해요.

 • 복사 : Ctrl + C

❷ 복사된 아이템을 [슬라이드 1]에 붙여 넣은 다음 크기와 위치를 적당하게 조절하여 캐릭터를 완성해요.

 • 붙여넣기 : Ctrl + V

❸ 도형을 삽입하여 캐릭터의 옷을 예쁘게 꾸며요.

 • 도형 삽입

 • 도형 서식(채우기, 윤곽선, 효과)

09 성별이 바뀌는 '물고기', 흰동가리

★ 슬라이드 배경에 그림을 채워요.
★ 이동 경로 애니메이션을 추가해요.

완성 작품 미리보기

▶ 실습파일 : 물고기.pptx   ▶ 완성파일 : 물고기(완성).pptx

재미난 동물이야기

여러분은 애니메이션 〈니모를 찾아서〉의 주인공을 알고 있나요? 붉은 오렌지 빛 작은 몸통에 흰색 세로 줄무늬가 그려진 귀여운 니모는 '흰동가리'라는 물고기랍니다. 흰동가리는 수컷에서 암컷으로 성별을 바꿀 수 있는 신기한 해양생물이에요. 이들은 종족 보존을 위해 우두머리 암컷이 죽게 되었을 때 같은 무리에 있던 수컷들 중 선택된 한 마리가 암컷으로 성별을 바꾸게 된다고 해요.

창의 놀이터

똑같은 바다 친구들이 각각 몇 마리인지 세어보고 빈 칸에 적어보세요.

① 슬라이드 배경에 그림을 채워요!

① 파워포인트 2016 프로그램을 실행하여 [Chapter 09_물고기]-**물고기.pptx** 파일을 불러와요.

② [슬라이드 1]의 빈 곳 위에서 마우스 오른쪽 버튼을 눌러 **[배경 서식]**을 클릭해요.

③ 오른쪽 창이 나타나면 **'그림 또는 질감 채우기'**를 선택한 다음 <파일>을 클릭해요.

④ [불러올 파일]-[Chapter 09_물고기]-**배경.jpg** 파일을 선택하고 <삽입>을 클릭해요.

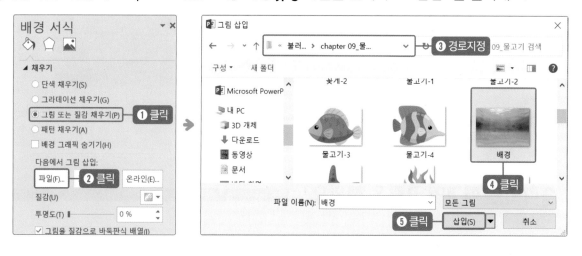

⑤ 멋진 바다 느낌의 배경이 완성되었어요.

② 물고기 그림에 애니메이션을 적용해요!

① [슬라이드 2]에서 **첫 번째 물고기(흰동가리)**를 복사한 다음 [슬라이드 1]에 붙여 넣어요.

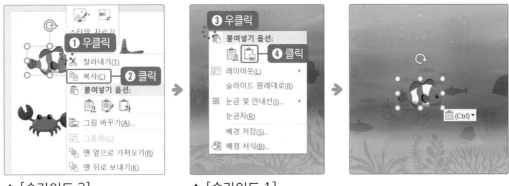

▲ [슬라이드 2]   ▲ [슬라이드 1]

② 물고기의 위치를 슬라이드의 왼쪽 밖으로 이동해요.

③ 물고기가 선택된 상태에서 [애니메이션]-[고급 애니메이션]-[애니메이션 추가(★)] → **[이동 경로-사용자 지정 경로( )]**를 클릭해요.

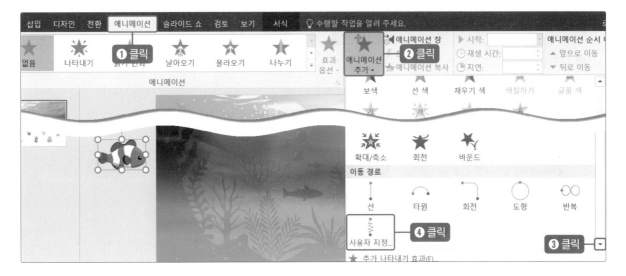

④ 물고기가 헤엄칠 경로를 그린 다음 더블 클릭하여 경로를 완성해요.

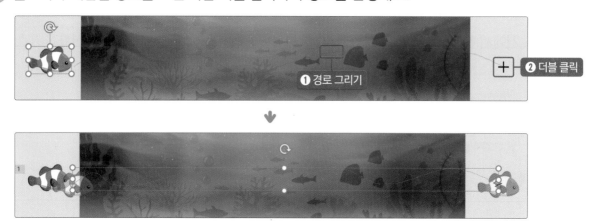

⑤ [애니메이션]-[타이밍]에서 '시작'을 **'이전 효과와 함께'**, '재생 시간'을 **'4초'**로 변경해요.

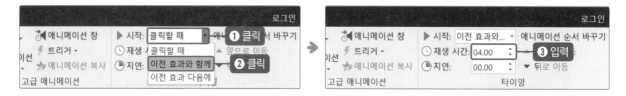

⑥ 이번에는 [슬라이드 2]에 있는 **불가사리**를 복사하여 [슬라이드 1]에 붙여넣기 해주세요.

⑦ [애니메이션]-[고급 애니메이션]-[애니메이션 추가(★)] → [**나타내기-회전하며 밝기 변화(✦)**]를 클릭해요.

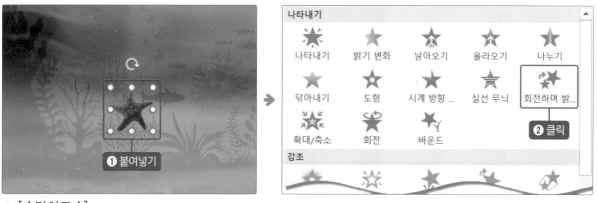

▲ [슬라이드 1]

⑧ [애니메이션]-[타이밍]에서 **'시작'**을 **'이전 효과와 함께'**로 변경해요.

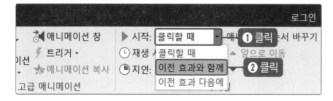

 작품을 완성해요

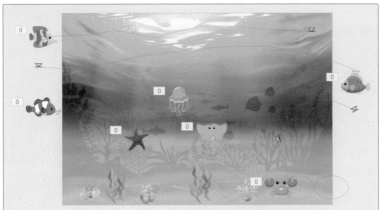

① [슬라이드 2]의 그림을 복사하여 바다 풍경을 꾸며보고, 원하는 그림에 다양한 애니메이션을 적용해 보세요. 단, 애니메이션은 '이동 경로' 또는 '나타내기'에서 추가해요.

② [타이밍]에서 '시작'을 '이전 효과와 함께'로 변경하고, 재생 시간을 적당하게 맞춰주세요.

③ 완성된 애니메이션은 F5를 눌러 확인할 수 있어요.

 스스로 만들어요   실습파일 : 물고기_연습문제.pptx   완성파일 : 물고기_연습문제(완성).pptx

① 슬라이드 배경을 '연습문제배경.jpg' 이미지로 채워보세요.

② [이동 경로-사용자 지정 경로(　)] 애니메이션을 활용하여 각각의 물고기들을 알맞은 그림자 위치로 이동시켜 보세요.

※ 물고기와 그림자가 일치하지 않으면 대각선 조절점을 드래그하여 맞추세요.

10 '고양이'가 싫어하는 냄새

배 우 는 기 능

★ 선택 창을 활용하여 숨겨진 개체를 확인해요.
★ 그림의 배경을 투명하게 변경해요.

완성 작품 미리보기

▶ 실습파일 : 고양이.pptx   ▶ 완성파일 : 고양이(완성).pptx

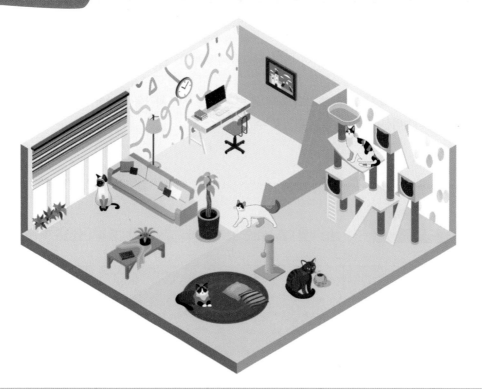

재미난 동물이야기

사람마다 좋아하는 냄새와 싫어하는 냄새가 있듯이 고양이도 냄새를 구분할 수 있다고 해요. 다만 조금 특이한 부분은 귤껍질, 향수, 커피, 민트와 같이 사람에게는 향기로 느껴지는 냄새가 고양이에겐 맡기 힘든 냄새라는 것이죠. 만약 고양이가 싫어하는 냄새를 지속적으로 맡게 되면 스트레스를 받아 불안 증세를 보인다고 하니 주의하는 것이 좋겠지요?

고양이 모양의 패턴을 분석하여 빈 칸에 들어갈 값을 찾아보세요.

1 개체를 보이게 하거나 숨겨보아요!

① 파워포인트 2016 프로그램을 실행하여 [Chapter 10_고양이]-**고양이.pptx** 파일을 불러와요.

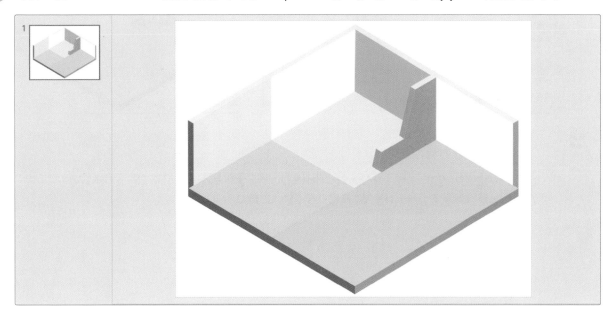

② [홈]-[편집]-[선택] → **[선택 창]**을 클릭하여 빈 방에 어떤 종류의 그림이 숨어있는지 확인해 볼까요?

③ 오른쪽 창이 나타나면 그림 목록의 아래쪽에서 **'왼쪽벽지-1'**을 선택해요.

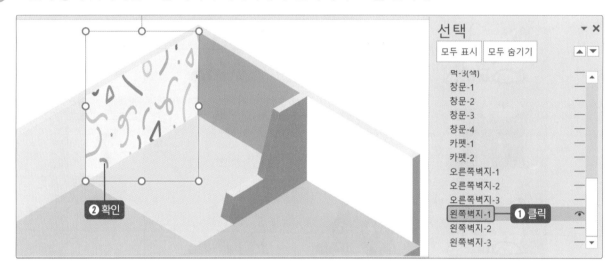

④ 다른 벽지를 선택하기 위해 해당 그림을 숨겨보도록 할게요. '왼쪽벽지-1' 오른쪽에 보이는 ⊙ (**눈 모양 아이콘**)을 클릭하면 현재 보이는 벽지를 숨길 수 있어요.

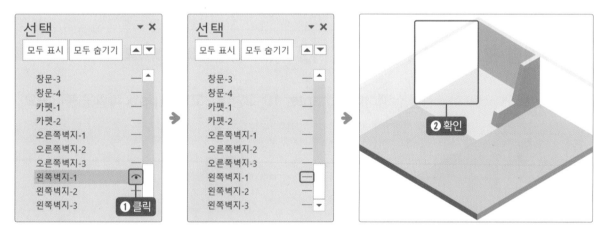

팁 **[선택 창]은 언제 사용하나요?**

선택 창에서는 현재 슬라이드에서 사용된 모든 개체(도형, 그림, 글자 등)를 확인할 수 있는 곳이에요. 크기가 너무 작아 선택이 어려운 개체를 작업해야 하는 경우에 많이 활용한다고 해요!

② 원하는 그림들을 이용하여 슬라이드를 꾸며요!

① 오른쪽 창에서 '1'이 붙어있는 그림들을 모두 선택하여 활성화 해보세요. 과연 어떤 방이 만들어질까요?

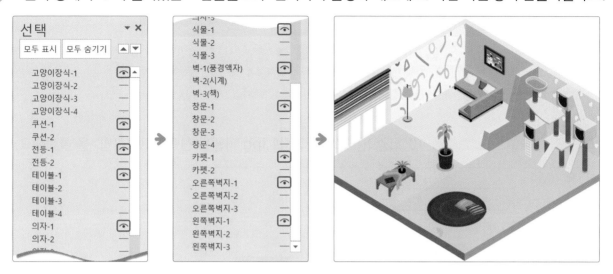

② [선택 창]에 숨겨진 다른 그림들을 활성화하여 예쁜 고양이 방을 꾸며 보세요. 불필요한 그림은 (눈모양 아이콘)을 클릭하여 숨기는 것도 잊지 마세요!

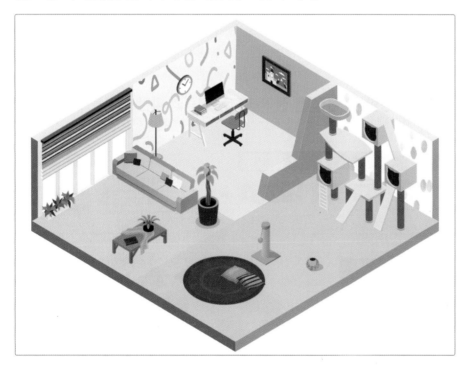

팁 **그림이 보이지 않아요!**

'1'이 붙어있는 그림이 아니라면 대부분의 그림들은 슬라이드의 주변으로 나타날 거예요. 드래그하여 잘 배치해 보세요.

③ 그림을 삽입하고, 배경을 투명하게 바꿔요!

❶ [삽입]-[이미지]-[그림(🖼)]을 클릭해요.

❷ [불러올 파일]-[Chapter 10_고양이]-**고양이그림1.jpg** 파일을 선택하고 <삽입>을 클릭해요.

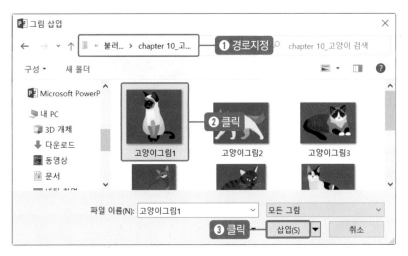

❸ [서식]-[조정]-[색(🖼)] → **[투명한 색 설정]**을 클릭한 다음 그림의 **파란 배경**을 선택하여 고양이
만 보이도록 남겨주세요.

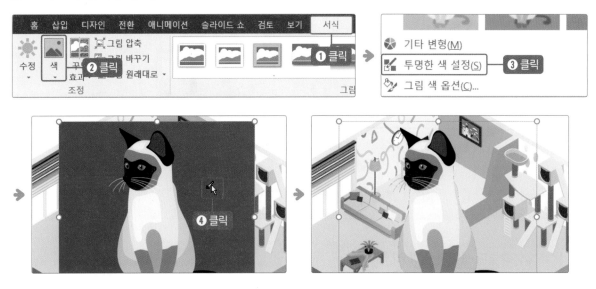

❹ 조절점(⭕)을 드래그하여 고양이의 크기를 조절한 다음 원하는 위치로 이동시켜보세요.

 작품을 완성해요

❶ 더 많은 고양이 그림을 삽입하여 배치해 볼까요? [투명한 색 설정] 기능으로 고양이 그림의 배경을 투명하게 하는 것도 잊지 마세요!

 스스로 만들어요   실습파일 : 고양이_연습문제.pptx   완성파일 : 고양이_연습문제(완성).pptx

❶ 선택 창을 열어 숨겨진 아이템과 배경 그림을 활용하여 슬라이드를 꾸며보세요.

❷ 아이템의 회색 배경은 '투명한 색 설정'을 이용하여 삭제할 수 있어요.

 '얼룩말'에게 그려진 얼룩무늬

배 우 는 기 능

★ 도형 안에 그림, 패턴을 채워요.
★ 그림을 삽입한 후 필요한 부분만 잘라보아요.

완성 작품 미리보기 ▶실습파일 : 얼룩말.pptx ▶완성파일 : 얼룩말(완성).pptx

재미난 동물이야기

　　　얼룩말은 드넓은 야생에서 서식하는 동물이에요. 얼룩무늬가 보호색 역할을 하여 다른 동물의 위협으로
부터 몸을 보호할 수 있답니다. 혹시 여러분은 얼룩말의 무늬를 자세히 본 적이 있나요? 얼룩말의 얼룩무늬는
'검정색 바탕에 흰색 무늬'일까요? '흰색 바탕에 검정색 무늬'일까요? 다음 페이지에서 정답을 확인해보세요.

창의 놀이터

얼룩말의 무늬는 '검정색 바탕에 흰색' 무늬예요. 연필로 색을 칠해 얼룩말을 완성해 주세요.

예시

① 도형에 그림을 채워요!

① 파워포인트 2016 프로그램을 실행하여 [Chapter 11_얼룩말]-**얼룩말.pptx** 파일을 불러와요.

❷ 첫 번째 열기구의 원을 클릭한 다음 [서식]-[도형 스타일]-[도형 채우기] → **[그림]**을 선택해요.

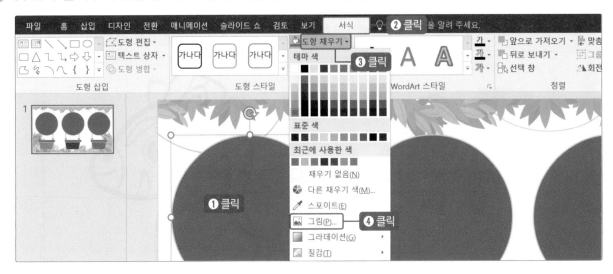

❸ **[파일에서 찾아보기]**를 클릭한 다음 [불러올 파일]-[Chapter 11_얼룩말]-**무늬-1.jpg** 파일을 선택하고 <삽입>을 클릭해요.

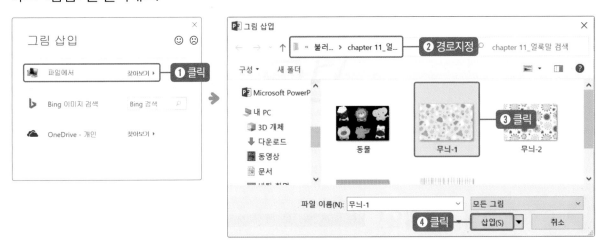

❹ 도형에 그림이 채워진 것을 확인한 다음 나머지 원에도 똑같은 방법으로 그림을 채워요.

② 도형에 패턴을 채워요!

① 첫 번째 열기구의 손잡이 위에서 마우스 오른쪽 버튼을 눌러 **[도형 서식]**을 선택해요.

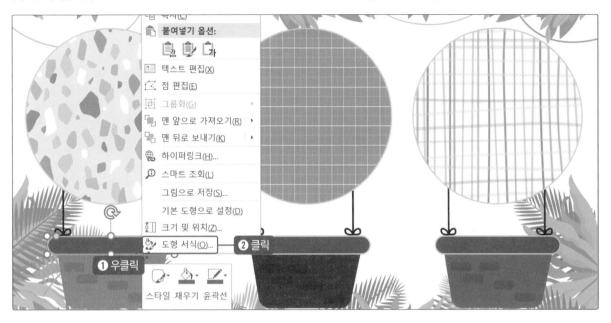

② 오른쪽 창이 나타나면 [채우기]-**'패턴 채우기'**를 클릭하여 원하는 패턴을 선택해요. 그런 다음 패턴의 **전경색**과 **배경**의 색상을 변경해 보도록 해요.

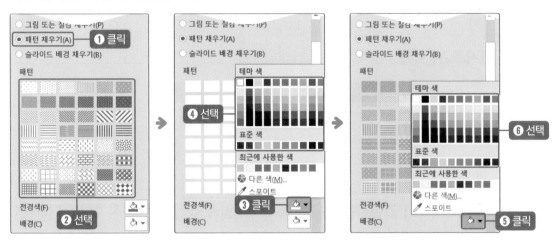

③ 도형에 패턴이 채워진 것을 확인한 다음 나머지 도형에도 패턴을 채워요.

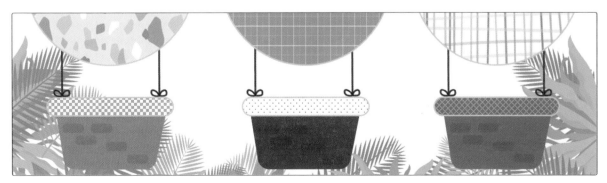

③ 그림을 삽입한 다음 필요한 그림만 잘라내요!

❶ [삽입]-[이미지]-**[그림( )]**을 클릭해요.

❷ [불러올 파일]-[Chapter 11_얼룩말]-**동물.png** 파일을 선택하고 <삽입>을 클릭해요.

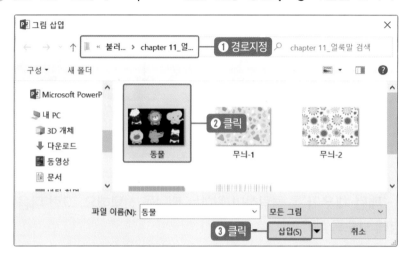

❸ [서식]-[크기]-**[자르기( )]**를 클릭해요.

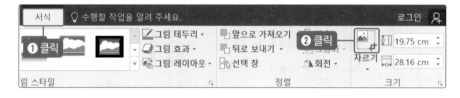

❹ 왼쪽 대각선 모서리의 **자르기 조절점( )**을 드래그하여 얼룩말만 표시되도록 한 다음 Esc 를 눌러요. 이제 얼룩말의 위치를 변경해 볼까요?

 작품을 완성해요

① 동물 그림을 삽입하여 자르기 기능으로 원하는 부분만 남긴 다음 나머지 열기구에도 동물을 탑승 시켜 주세요.

 스스로 만들어요

실습파일 : 얼룩말_연습문제.pptx   완성파일 : 얼룩말_연습문제(완성).pptx

① 삽입된 도형에 '얼룩무늬.png' 그림을 채워보세요.
② '연습문제동물.png' 그림을 삽입한 후 필요한 부분을 잘라 원하는 동물을 넣어 보세요.

12 '장수말벌', '장수풍뎅이', '장수하늘소'

★ 온라인 그림 기능을 이용하여 이미지를 삽입하고, 그림 스타일을 지정해요.
★ 한글을 한자로 변환하고, 워드아트로 글자를 꾸며보아요.

완성 작품 미리보기
▶ 실습파일 : 장수_곤충.pptx   ▶ 완성파일 : 장수_곤충(완성).pptx

이름에 장수(將帥)가 들어간 곤충은 누구일까?

장수말벌

장수풍뎅이

장수하늘소

곤충 이름 앞에 붙은 '장수(將帥)'라는 단어는 '군사를 거느리는 우두머리'라는 뜻을 가지고 있어요.

재미난 동물이야기

'장수말벌, 장수풍뎅이, 장수하늘소' 이러한 곤충의 이름을 한 번쯤은 들어보았을 거예요. 그렇다면 곤충 이름 앞에 붙은 '장수'는 무슨 의미일까요? 대부분 오래 산다는 뜻으로 생각할 수 있지만 정답은 '장군'이라는 단어의 의미와 비슷하여 '군사를 거느리는 우두머리'라고 해요.

예쁜 나비와 똑같은 모양의 그림자를 찾아 선으로 연결해 보세요.

1 입력된 내용을 한자로 바꿔요!

1 파워포인트 2016 프로그램을 실행하여 [Chapter 12_장수_곤충]–**장수_곤충.pptx** 파일을 불러와요.

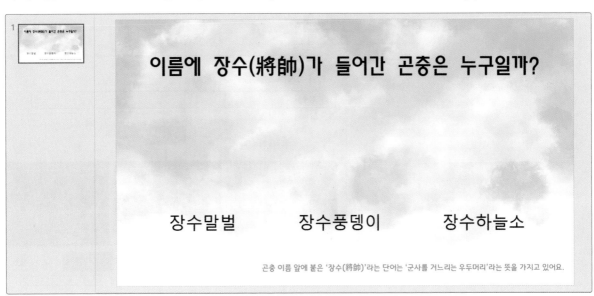

② 제목에서 괄호 안에 입력된 '**장수**'를 드래그하여 블록으로 지정해요.

③ 키보드에서 한자를 눌러 '**將帥**'를 찾아서 클릭해요.

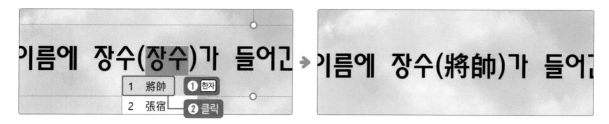

2 온라인 그림을 넣고 그림 스타일을 지정해요!

① [삽입]-[이미지]-[**온라인 그림(🖼️)**]을 클릭해요.

② **장수말벌**을 검색한 다음 원하는 사진을 선택하고, <삽입>을 클릭해요.

③ 그림의 크기와 위치를 조절해요.

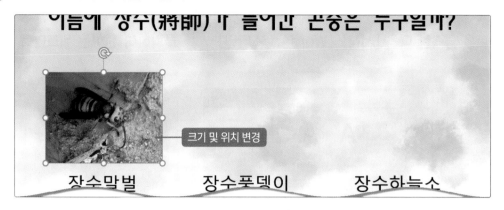

④ [서식]-[그림 스타일]-▾를 클릭하여 그림에 적용하고 싶은 **스타일을 선택**해요.

⑤ 똑같은 방법으로 **장수풍뎅이**와 **장수하늘소** 사진을 넣고 스타일을 적용해 보세요.

❶ **'장수말벌'** 텍스트를 클릭한 다음 [서식]-[WordArt 스타일]-▽를 클릭하여 원하는 워드아트 스타일을 선택해요.

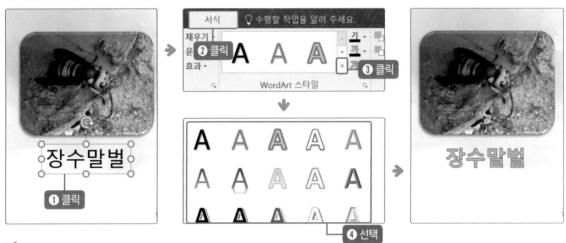

팁 **워드아트가 뭐예요?**

워드아트는 파워포인트에서 제공하는 다양한 텍스트 스타일이에요. 쉽고 빠르게 텍스트의 색상, 윤곽선, 그림자 등을 한 번에 지정할 수 있는 유용한 기능이지요.

❷ 똑같은 방법으로 슬라이드에 삽입된 텍스트에 워드아트를 적용해 보세요.

작품을 완성해요

① 워드아트 스타일이 적용된 텍스트의 글꼴을 변경해 보세요. 변경하려는 글자를 블록으로 지정한 다음 [홈]-[글꼴]에서 변경이 가능해요.

스스로 만들어요

실습파일 : 장수_곤충_연습문제.pptx   완성파일 : 장수_곤충_연습문제(완성).pptx

① 입력된 제목에서 '곤충'을 한자로 변환한 다음 워드아트로 글자를 꾸며보세요.
② 좋아하는 곤충의 그림을 온라인 그림으로 삽입하고 그림 스타일을 적용해요.

13 괴짜 포유류 '오리너구리'

배 우 는 기 능

★ 목록 수준과 줄 간격을 변경해요.
★ 번호 매기기를 지정해요.
★ 여러 가지 글머리 기호를 지정해요.

완성 작품 미리보기   ▶ 실습파일 : 오리너구리.pptx   ▶ 완성파일 : 오리너구리(완성).pptx

'오리너구리'는 왜 괴짜 포유류일까?

① **오리너구리의 생김새**
  ➢ 몸통은 너구리같이 생겼어요.
  ➢ 오리처럼 주둥이와 물갈퀴를 가지고 있어요.
  ➢ 포유류는 이빨이 있지만 오리너구리는 이빨이 없어요.

② **오리너구리의 특징**
  ➢ 포유류는 새끼를 낳지만 오리너구리는 알을 낳아요.
  ➢ 뒷발에 독을 가지고 있어요.

③ **오리너구리가 사는 곳**
  ➢ 연못이나 늪지대 같은 곳에 살지만 육지에서도 함께 생활해요.

재미난 동물이야기

　　토끼, 강아지, 고양이, 사자 등 새끼를 낳는 동물을 '포유류'라고 해요. 닭이나 새처럼 알을 낳거나, 뱀과 같이 비늘이 있는 동물이 아니라면 대부분 포유류에 속하겠지요. 오늘 살펴볼 '오리너구리'라는 동물은 포유류의 생김새와 비슷하지만 알을 낳기 때문에 괴짜 포유류라고 불립니다. 자 그렇다면 오리너구리의 또다른 특징은 무엇이 있는지 자세히 살펴보도록 할까요?

일정한 규칙대로 나열된 포유류 친구들이에요. 빈 칸에는 어떤 동물이 들어갈까요?

1 목록 수준과 줄 간격을 변경해요!

❶ 파워포인트 2016 프로그램을 실행하여 [Chapter 13_오리너구리]-**오리너구리.pptx** 파일을 불러 와요.

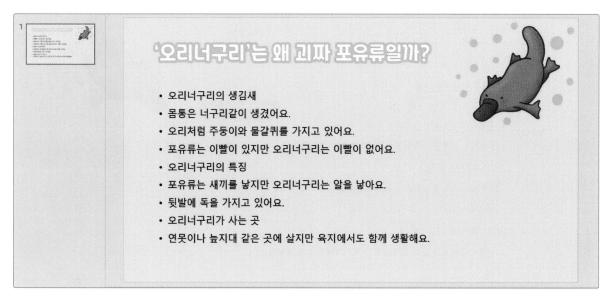

② Ctrl을 이용하여 텍스트를 블록으로 지정해요. 단, 앞쪽 기호는 블록으로 지정되지 않아요.

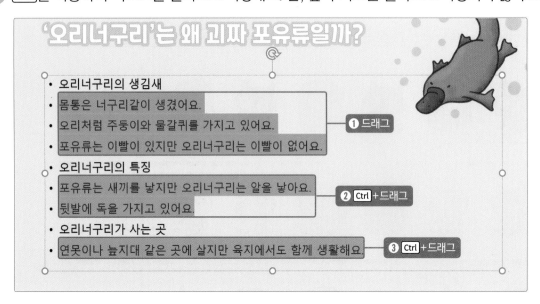

③ [홈]-[단락]-[▤(**목록 수준 늘림**)]을 클릭해요.

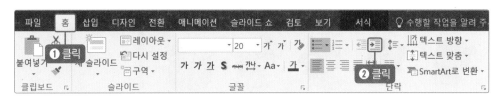

④ 내용이 보기 좋게 구분되면 [홈]-[단락]-[▤·(**줄 간격**)] → **1.5**를 선택하여 줄 간격을 넉넉하게 변경해 보세요.

❷ 문단 번호를 지정해요!

❶ Ctrl을 이용하여 아래 그림과 같이 텍스트를 블록으로 지정해요.

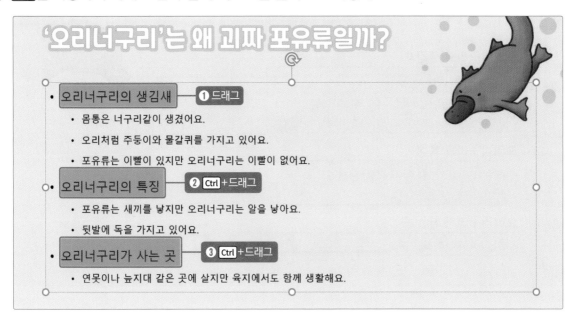

❷ [홈]-[단락]-[☰▾(번호 매기기)] → 원 숫자를 선택해요.

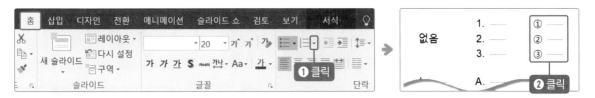

❸ 텍스트 앞에 붙어있던 기호가 원 숫자로 변경된 것을 확인해요.

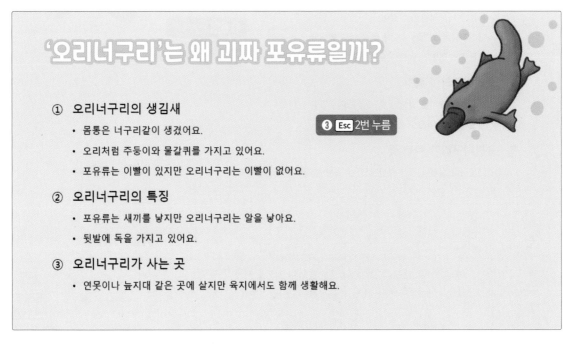

3 글머리 기호를 지정해요!

① Ctrl을 이용하여 아래 그림과 같이 텍스트를 블록으로 지정해요.

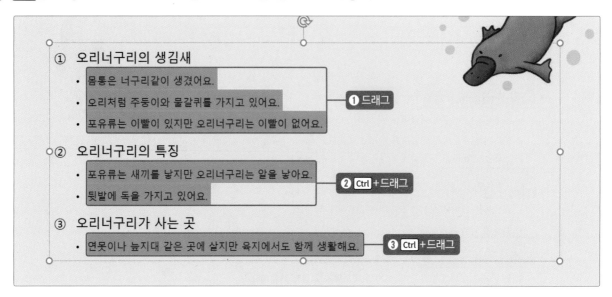

② [홈]-[단락]-[📋(글머리 기호)] → **화살표 글머리 기호**를 선택해요.

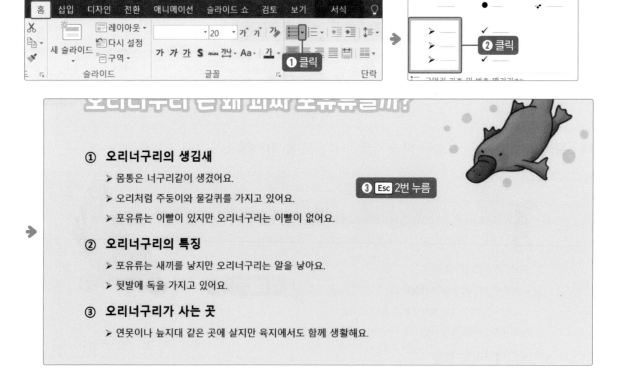

팁 [📋(글머리 기호)] → 글머리 기호 및 번호 매기기(N)...

• 〈그림〉을 이용하면 여러 가지 그림(아이콘)을 글머리 기호로 사용할 수 있어요.
• 〈사용자 지정〉을 이용하면 여러 가지 특수문자(기호)를 글머리 기호로 사용할 수 있어요.

 작품을 완성해요

'오리너구리'는 왜 괴짜 포유류일까?

① **오리너구리의 생김새**
  ➢ 몸통은 너구리같이 생겼어요.
  ➢ 오리처럼 주둥이와 물갈퀴를 가지고 있어요.
  ➢ 포유류는 이빨이 있지만 오리너구리는 이빨이 없어요.

② **오리너구리의 특징**
  ➢ 포유류는 새끼를 낳지만 오리너구리는 알을 낳아요.
  ➢ 뒷발에 독을 가지고 있어요.

③ **오리너구리가 사는 곳**
  ➢ 연못이나 늪지대 같은 곳에 살지만 육지에서도 함께 생활해요.

❶ 입력된 내용의 글꼴 색상을 변경하여 슬라이드를 완성해 보세요.

 스스로 만들어요　　실습파일 : 오리너구리_연습문제.pptx　　완성파일 : 오리너구리_연습문제(완성).pptx

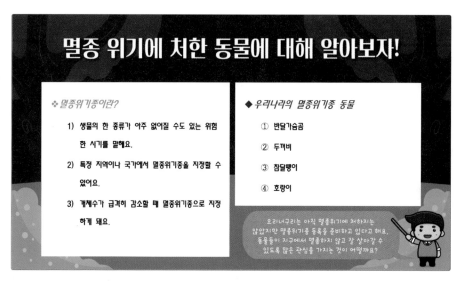

멸종 위기에 처한 동물에 대해 알아보자!

❖ **멸종위기종이란?**
  1) 생물의 한 종류가 아주 없어질 수도 있는 위험한 시기를 말해요.
  2) 특정 지역이나 국가에서 멸종위기종을 지정할 수 있어요.
  3) 개체수가 급격히 감소할 때 멸종위기종으로 지정하게 돼요.

◆ **우리나라의 멸종위기종 동물**
  ① 반달가슴곰
  ② 두꺼비
  ③ 참달팽이
  ④ 호랑이

오리너구리는 아직 멸종위기에 처해지는 않았지만 멸종위기종 등록을 준비하고 있다고 해요. 동물들이 지구에서 멸종하지 않고 잘 살아갈 수 있도록 많은 관심을 가지는 것이 어떨까요?

❶ 위 이미지를 참고하여 목록 수준 늘림을 적용한 다음 글머리 기호 및 번호 매기기를 지정해 보세요.
❷ 줄어든 줄 간격을 적당하게 조절한 다음 텍스트 서식을 자유롭게 변경해 보세요.

14 물을 마시지 않는 '코알라'

배우는 기능

★ 도형 병합(빼기) 기능을 이용하여 새로운 모양을 만들어요.
★ 도형을 그룹으로 지정한 다음 크기를 조절해요.

완성 작품 미리보기

▶ 실습파일 : 코알라.pptx   ▶ 완성파일 : 코알라(완성).pptx

재미난 동물이야기

　　지구상에 물을 마시지 않고 살 수 있는 동물은 없습니다. 그러나 '물을 먹지 않는다.'라는 뜻의 이름을 가진 '코알라'는 실제로 물을 거의 먹지 않는 동물이에요. 그렇다면 어떻게 수분을 섭취할 수 있을까요? 하루 20시간 동안 수면에 빠지는 코알라는 잠자는 시간을 제외하고는 유칼립투스 나뭇잎을 먹는 데 시간을 보내요. 코알라는 유칼립투스 나뭇잎에 맺힌 이슬을 먹기 때문에 물 없이 살아갈 수 있지요.

창의 놀이터

유칼립투스 나무에 도착할 수 있는 코알라는 누구일까요?

1 도형 병합(빼기)을 이용하여 새로운 모양을 만들어요!

① 파워포인트 2016 프로그램을 실행하여 [Chapter 14_코알라]-**코알라.pptx** 파일을 불러와요.

❷ [삽입]-[일러스트레이션]-[도형(🖼)] → [기본 도형-**타원(◯)**], [기본 도형-**달(☾)**]을 선택하여 슬라이드 바깥쪽에 아래 그림과 같이 그려보세요.

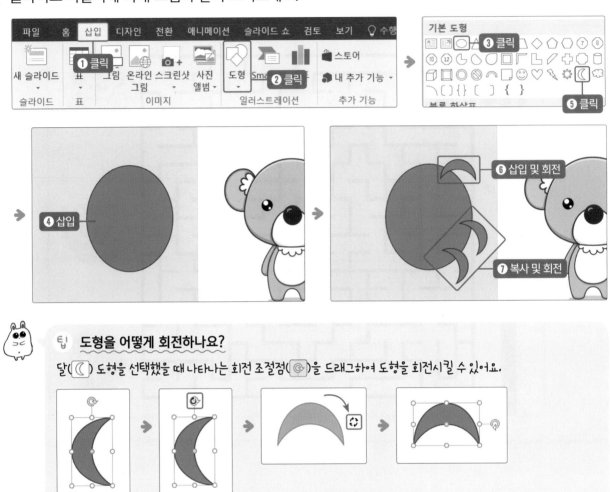

❸ 도형 위쪽을 드래그하여 모든 도형을 한 번에 선택해요. [서식]-[도형 삽입]-[도형 병합(🔘)]→ **[빼기(🔘)]**를 선택하여 새로운 도형을 만들어요.

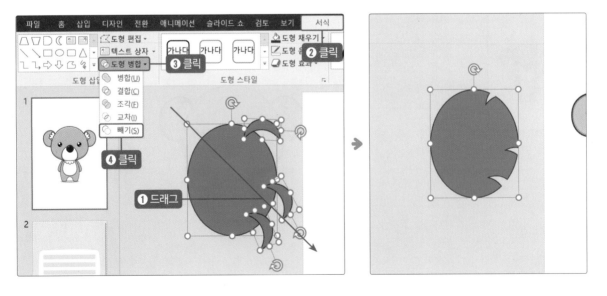

② 쿄알라의 양쪽 귀를 완성해요!

① [서식]-[도형 스타일]-**[도형 채우기]**에서 몸통과 비슷한 색상으로 변경한 다음 아래 그림과 같이 오른쪽 귀를 완성해요.

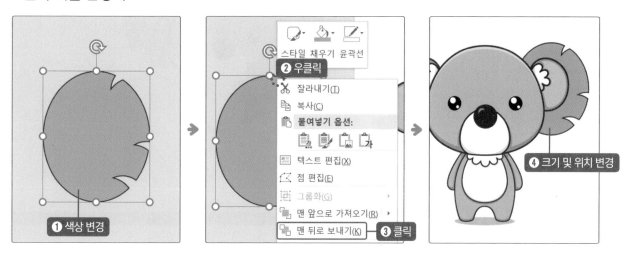

② 완성된 오른쪽 귀는 [Ctrl]+[Shift]를 누른 채 왼쪽으로 드래그하면 반듯하게 복사할 수 있어요.

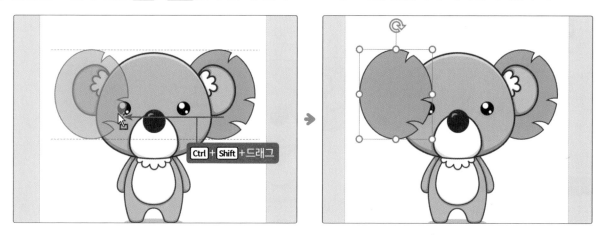

 팁 **키보드 조합키를 활용하여 쉽게 복사해요!**
① [Ctrl]을 누른 상태에서 도형을 원하는 곳으로 드래그하여 복사할 수 있어요.
② [Ctrl]+[Shift]를 누른 상태에서 도형을 드래그하면 반듯하게 복사가 가능해요.

③ [서식]-[정렬]-[회전( )] → **[좌우 대칭]**을 클릭해요.

④ 아래 그림과 같이 코알라의 왼쪽 귀를 완성해 보세요.

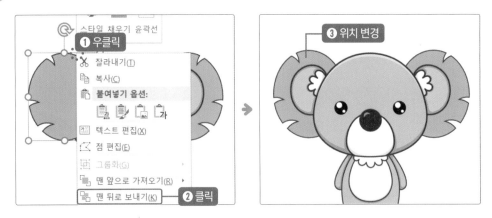

3 개체를 그룹으로 지정해요!

① Ctrl + A 를 누르면 해당 슬라이드의 모든 개체를 한 번에 선택할 수 있어요. 아래 그림을 참고하여 개체를 하나의 **그룹**으로 지정해 보세요.

② 완성된 코알라를 **복사**(Ctrl + C)한 후 [슬라이드 2]에 **붙여넣기**(Ctrl + V) 해보세요.

 작품을 완성해요

❶ [슬라이드 2] 주변의 그림들을 활용하여 편지지를 예쁘게 꾸며보세요.

 **스스로 만들어요**

실습파일 : 코알라_연습문제.pptx   완성파일 : 코알라_연습문제(완성).pptx

❶ 도형 병합 기능을 이용하여 새로운 도형을 만들어 보세요.
❷ 색상을 변경하여 나만의 멋진 나무를 완성해 보세요.

15 '거북'은 정말 느릴까?

★ 표를 삽입한 후 표의 스타일을 변경해요.
★ 표 안쪽에 색을 채워보아요.

완성 작품 미리보기

▶ 실습파일 : 없음   ▶ 완성파일 : 거북(완성).pptx

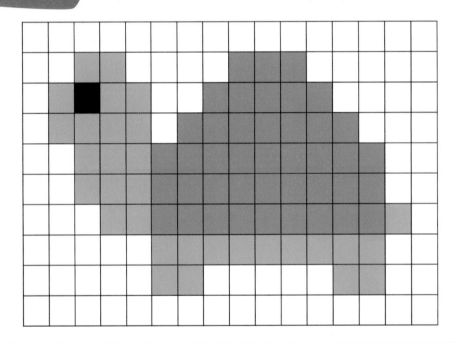

재미난 동물이야기

  거북은 느림보 캐릭터로 동화 이야기에 자주 등장하는 동물이지요. 그러나 사실 거북은 적에게 쫓기거나 크게 서두를 일이 없다면 가능한 천천히 움직여서 힘을 아낀답니다. 빨리 움직이기를 포기한 동물이라고 말할 수 있겠죠. 또한 일반적인 수영 선수의 헤엄 속도가 6km가 채 되지 않지만 거북은 평균 25km의 시속으로 헤엄칠 수 있다고 하니 물속에서는 예상외로 빠른 동물이네요!

아래 거북들 중에서 중복없이 유일하게 혼자만 다른 패턴의 등딱지를 가진 거북을 찾아보세요.

1 파워포인트를 실행한 다음 레이아웃을 바꿔요!

1 파워포인트 2016 프로그램을 실행한 다음 Esc 를 눌러요.

② 슬라이드를 비어있는 레이아웃으로 변경하기 위해 [홈]-[슬라이드]-[레이아웃] → **[빈 화면]**을 선택해요.

2 표를 삽입한 다음 스타일을 지정해요!

① [삽입]-[표]-[표(□)] → **[표 삽입]**을 클릭해요.

② **열 개수**와 **행 개수**를 아래 그림과 같이 입력한 다음 <확인>을 클릭해요.

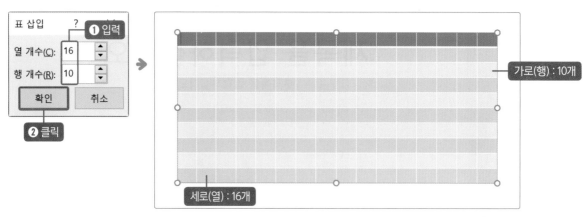

③ 표 주변의 조절점(🔘)을 이용해 크기를 조절한 다음 표의 테두리를 드래그하여 위치를 변경합니다.

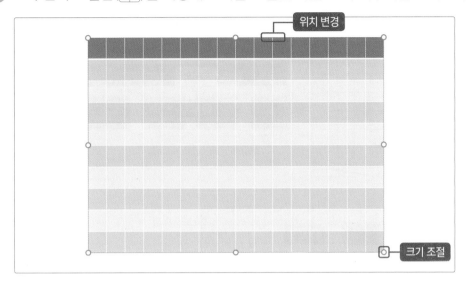

④ [디자인]-[표 스타일]- ⚬ → '**스타일 없음, 표 눈금**'을 선택해요.

💬 **스타일은 무엇인가요?**

파워포인트에서는 표뿐만 아니라 도형이나 그림 등에 스타일을 적용할 수 있어요. 스타일을 사용하면 개체들의 테두리, 색상, 그림자와 같은 여러 가지 효과를 클릭 한 번만으로 쉽게 적용할 수 있기 때문에 편리하답니다.

⑤ 다음과 같이 표의 스타일이 변경된 것을 확인해요. 이제 픽셀아트 작품을 만들기 위한 준비를 모두 마쳤어요.

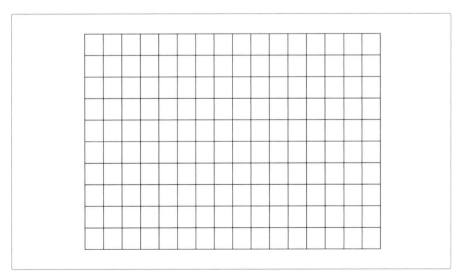

③ 표 안에 색을 채워요!

① 표 안쪽 셀을 선택한 다음 [디자인]-[표 스타일]-[음영] → **[연한 녹색]**을 선택해요.

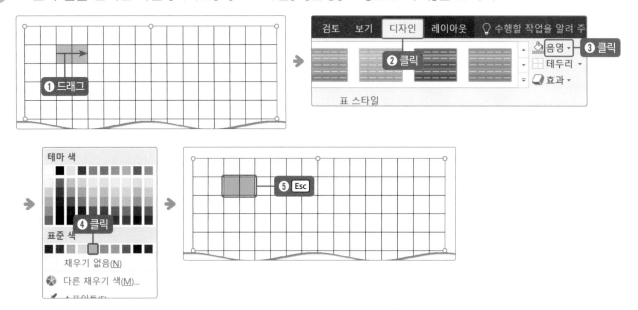

팁 **색을 잘못 칠했어요!**

색을 잘못 칠했을 때는 원하는 색으로 다시 채워주면 돼요. 만약 비어있어야 하는 칸에 색을
채웠다면 [디자인]-[표 스타일]-[음영] → [채우기 없음]을 선택하세요.

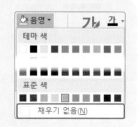

② 다음 과정을 따라하여 **거북의 눈**을 만들어 보세요.

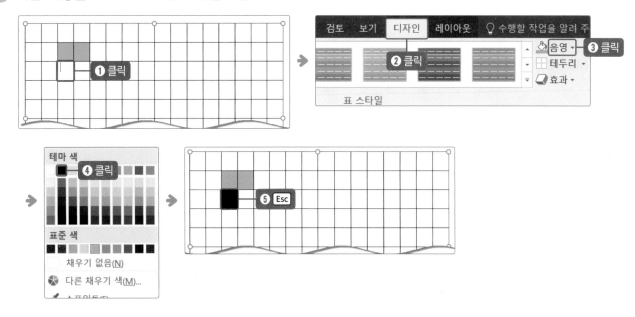

 작품을 완성해요

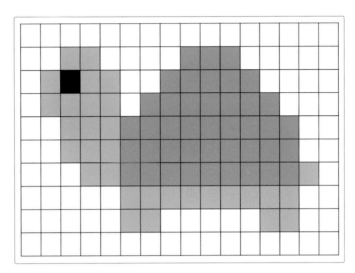

❶ 표 안에 색을 채워 거북 픽셀아트를 완성해 보세요. 거북의 색상이나 모양은 자유롭게 만들어도 좋아요!

 **스스로 만들어요**

실습파일 : 없음   완성파일 : 거북_연습문제(완성).pptx

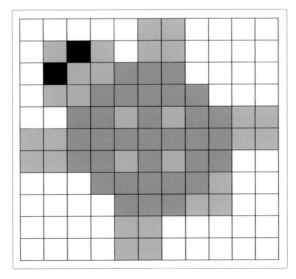

❶ 파워포인트 프로그램을 실행한 다음 레이아웃을 '빈 화면'으로 지정해요.

❷ 행과 열 개수를 '11'로 지정하여 표를 삽입한 후 표 스타일을 '스타일 없음, 표 눈금'으로 지정해요.

❸ 표 안에 색을 채워 거북 픽셀아트를 완성해 보세요.

16 이만큼 배웠어요

퀴즈를 풀어보면서 지금까지 배운 내용을 정리해요.

1 한 번의 클릭으로 그림에 효과를 적용할 수 있는 기능은 무엇일까요?

장수말벌   장수풍뎅이   장수하늘소

① 그림 채우기   ② 그림 스타일   ③ 그림 편집   ④ 그림 자르기

2 파워포인트에서 제공하는 기능 중 글자를 쉽게 꾸밀 수 있도록 도와주는 기능은 무엇일까요?

① 워드아트   ② 스마트아트   ③ 슬라이드 쇼   ④ 텍스트 상자

3 파워포인트에서 제공하는 기능 중 인터넷 그림과 연결시켜 쉽게 그림을 넣을 수 있도록 도와주는 기능은 무엇일까요?

① 온라인 그림   ② 스크린샷   ③ 표   ④ 사진 앨범

4 얼룩말의 무늬는 '검정색 바탕에 흰 무늬일까요?' '흰색 바탕에 검정색 무늬일까요?'

5 알이 아닌 새끼를 낳는 동물을 포유류라고 불러요. 포유류 동물을 5종류만 적어보세요.

학생	선생님	부모님

아래 작업 순서를 참고하여 슬라이드를 완성해요.

실습파일 : 16_연습문제.pptx   완성파일 : 16_연습문제(완성).pptx

작업 순서

❶ 슬라이드 왼쪽에 입력되어 있는 제목에 워드아트 스타일을 적용해요.
  - 워드아트 스타일 : [서식]-[WordArt 스타일]- ▾

❷ 열 개수와 행 개수 모두 '3'으로 맞추어 표를 삽입한 다음 크기, 위치, 스타일을 변경해요.
  - 표 삽입 : [삽입]-[표]-[표(▦)] → [표 삽입]
  - 표 스타일 : [디자인]-[표 스타일]- ▾ → '스타일 없음, 표 눈금'

❸ 원하는 동물 그림을 삽입한 다음 배경을 투명하게 지정하고, 크기를 조절하여 표 안에 배치해요.
  - 그림 삽입 : [삽입]-[이미지]-[그림(🖼)]
  - 배경 투명하게 지정 : [서식]-[조정]-[색(🖼)] → [투명한 색 설정]

❹ F5 를 눌러 슬라이드 쇼를 실행해요. 마우스 오른쪽 버튼을 눌러 [포인터 옵션]-[펜]을 선택한 다음 친구와 함께 빙고 게임을 해보세요.

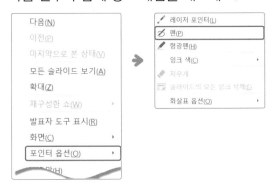

17 남극에는 '펭귄', 북극에는 '곰'

★ 표 안에 그림을 채워요.
★ 표를 그림으로 저장하여 퍼즐을 만들어요.

완성 작품 미리보기

▶ 실습파일 : 펭귄_곰.pptx   ▶ 완성파일 : 펭귄_곰(완성).pptx

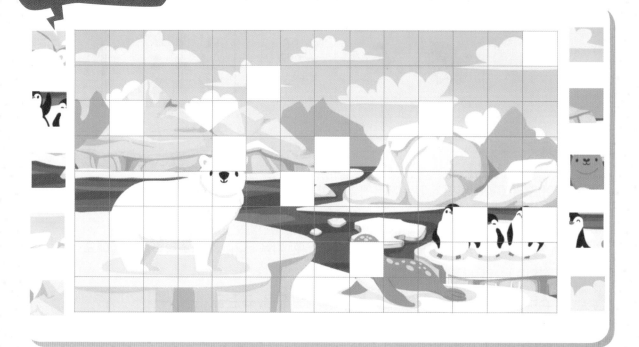

재미난 동물이야기

비슷해 보이는 남극과 북극은 기후 환경이 전혀 다른 곳이에요. 남극은 얼음으로 덮인 거대한 땅으로 펭귄들은 얼음과 추위에 견딜 수 있는 적응력을 가지고 있으며 추운 바다에서 서식하는 물고기를 먹고 살지요. 북극은 남극보다는 추위가 덜하며, 여름에는 비교적 따뜻한 기온을 나타낸답니다. 특히 한여름에는 포도와 같은 나무 열매가 곰의 먹이라고 해요.

아래 이미지를 비교하여 서로 다른 부분 5곳을 찾아 체크해 보세요.

1 표 안에 그림을 채워요!

① 파워포인트 2016 프로그램을 실행하여 [Chapter 17_펭귄_곰]-**펭귄_곰.pptx** 파일을 불러와요.

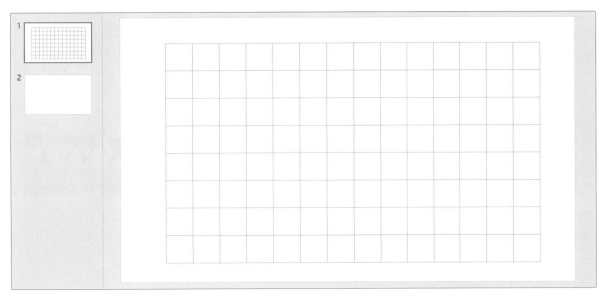

❷ [슬라이드 1]의 표 테두리를 클릭한 다음 마우스 오른쪽 버튼을 눌러 **[도형 서식]**을 선택해요.

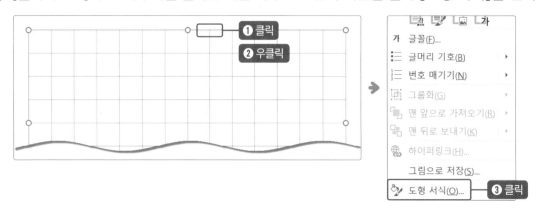

❸ 오른쪽 창이 나타나면 **'그림 또는 질감 채우기'**를 선택한 다음 <파일>을 클릭해요.

❹ [불러올 파일]-[Chapter 17_펭귄_곰]-**얼음나라.jpg** 파일을 선택하고 <삽입>을 클릭해요.

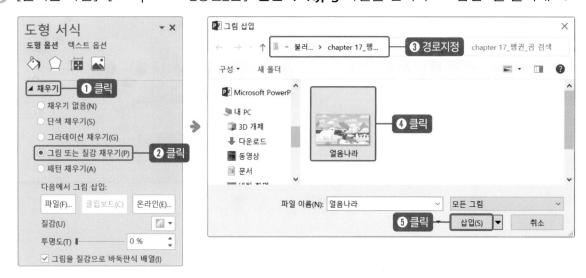

❺ **'그림을 질감으로 바둑판식 배열'** 항목을 체크한 다음 표 안쪽에 그림이 채워진 것을 확인해요.

② 표를 그림으로 저장해요!

❶ 이번에는 완성된 표를 그림으로 바꿔보도록 해요. 표의 테두리를 클릭한 다음 마우스 오른쪽 버튼을 눌러 **[그림으로 저장]**을 클릭해요.

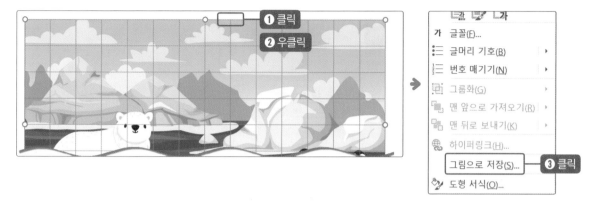

❷ 저장 경로를 지정한 다음 파일 형식을 '**Windows 메타파일**'로 선택하고 <저장>을 클릭해요. 책에서는 바탕 화면을 저장 경로로 지정했어요.

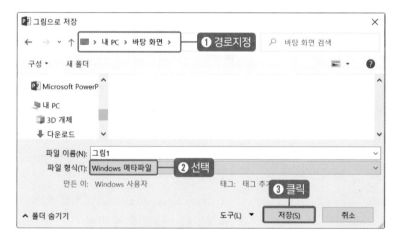

③ 저장한 그림을 불러와서 퍼즐을 완성해요!

❶ 비어있는 **[슬라이드 2]**를 선택한 다음 [삽입]-[이미지]-**[그림(🖾)]**을 클릭해요.

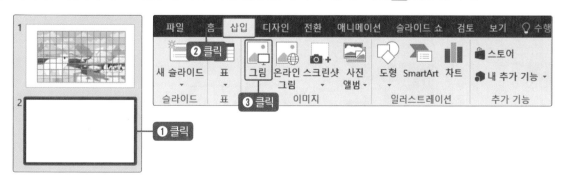

② 이전에 지정했던 저장 경로에서 그림 파일을 선택하고 <삽입>을 클릭해요.

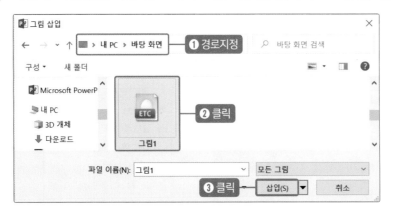

③ 아래 과정을 참고하여 [슬라이드 2]에 삽입된 그림의 **그룹 지정을 해제**해보세요.

 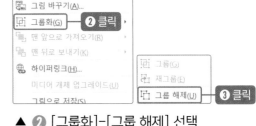

▲ ❶ [슬라이드 2] 그림 위에서 마우스 오른쪽 버튼 클릭   ▲ ❷ [그룹화]-[그룹 해제] 선택

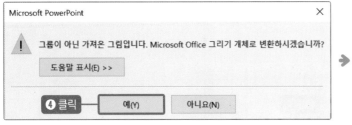 

▲ ❸ <예> 선택   ▲ ❹ ❶~❷ 과정을 반복

④ Esc를 눌러 모든 개체의 선택을 해제해요.

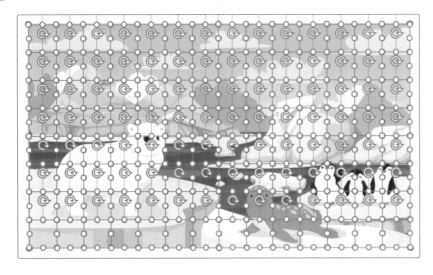

 작품을 완성해요

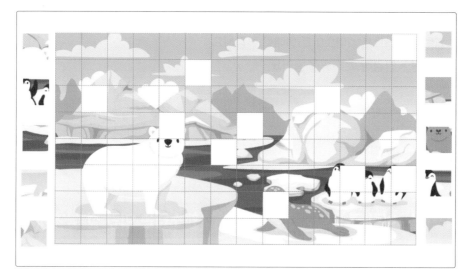

① 표 안의 조각들을 분리하여 퍼즐을 완성해요.

 스스로 만들어요

실습파일 : 펭귄_곰_연습문제.pptx   완성파일 : 펭귄_곰_연습문제(완성).pptx

① 표에 '연습문제퍼즐.jpg' 그림을 채운 다음 'Windows 메타파일'로 저장해요.

② 표를 삭제한 다음 저장한 그림을 삽입해요.

③ 표 그림의 그룹을 2번 해제한 다음 퍼즐 조각을 분리하여 슬라이드를 완성해요.

18 귀여운 '햄스터'의 특징

★ 슬라이드에 입력된 텍스트를 스마트아트 형태로 변경해요.
★ 스마트아트의 색상을 변경하고, 그림을 넣어요.

완성 작품 미리보기

▶ 실습파일 : 햄스터.pptx   ▶ 완성파일 : 햄스터(완성).pptx

"햄스터는 이런 걸 좋아해요"

따뜻한 온도

낮에 잠자기

넓고 건조한 집

다양한 활동 공간

"햄스터는 이런 걸 싫어해요"

다른 햄스터와 동거

사람의 손길

커다란 소음

집 구조 변경

재미난 동물이야기

빵빵한 볼, 새초롬한 표정, 작고 귀여운 매력을 가진 햄스터는 많은 가정에서 반려동물로 키우고 있는 동물 중 하나이죠. 그러나 생김새와 다르게 햄스터는 예민하고 겁이 많은 동물이랍니다. 사람이 억지로 다가 갔을 때는 공격을 하기도 하며, 손으로 자주 만졌을 때 극심한 스트레스를 받는다고 해요. 그렇다면 햄스터와 교감할 수 있는 방법은 무엇일까요?

아래 조건과 일치하는 햄스터를 찾아보세요.

1 스마트아트로 텍스트를 정리해요!

1 파워포인트 2016 프로그램을 실행하여 [Chapter 18_햄스터]-**햄스터.pptx** 파일을 불러와요.

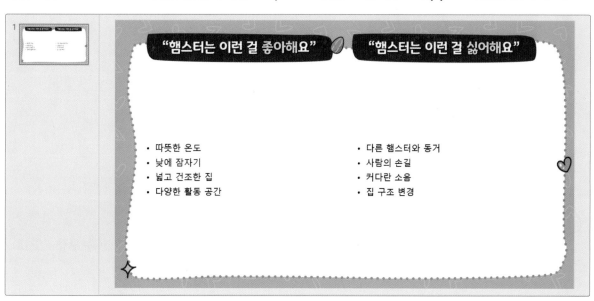

② 내용이 입력된 왼쪽 텍스트 상자 위에서 마우스 오른쪽 버튼을 눌러 [SmartArt로 변환]-[**기타 SmartArt 그래픽**]을 선택해요.

③ [그림]에서 [**그림 설명 벤딩 목록형**]을 찾아 선택한 다음 <확인>을 클릭해요.

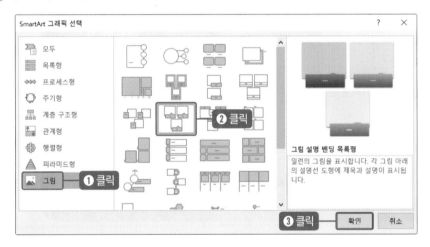

④ 슬라이드에 입력되었던 텍스트가 스마트아트로 변환된 것을 확인해요.

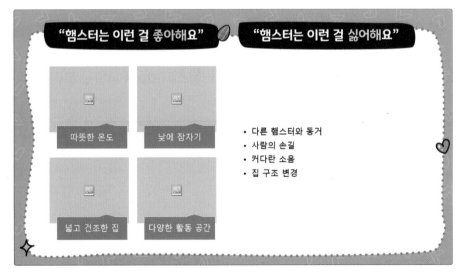

🐹 **팁 스마트아트를 이용하면 이런 점이 좋아요!**

비슷한 형식으로 나열되는 텍스트를 도형이나 그림을 통해 정리할 수 있어 한 눈에 표현할 수 있다는 장점이 있어요. 파워포인트에서는 스마트아트를 다양한 형태로 제공한답니다.

⑤ 똑같은 방법으로 오른쪽의 텍스트도 **[그림 설명 벤딩 목록형]** 스마트아트로 바꿔보세요.

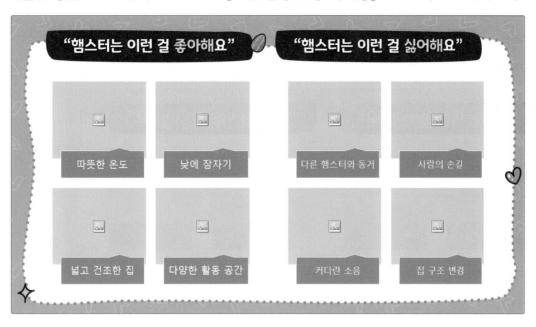

② 스마트아트의 색상을 변경해요!

① 왼쪽의 스마트아트를 선택하고 [디자인]-[SmartArt 스타일]-**[색 변경(⚃)]**을 클릭해요. 원하는
색상을 선택한 다음 오른쪽 스마트아트의 색도 변경해 보세요.

③ 스마트아트에 그림을 넣어요!

① 우리가 선택한 스마트아트는 그림을 쉽게 넣을 수 있는 형태예요. **'따뜻한 온도'**가 입력된 도형의 🖼️ **(그림아이콘)**을 클릭해 보세요.

② **[파일에서 찾아보기]**를 클릭한 다음 [불러올 파일]-[Chapter 18_햄스터]-**햄스터2.png** 파일을 선택하고 <삽입>을 클릭해요.

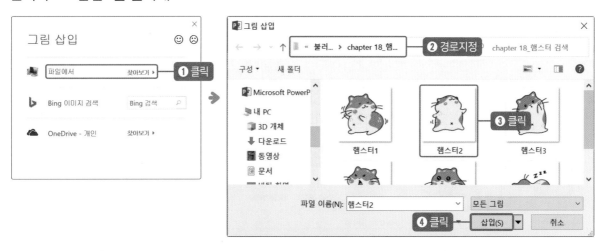

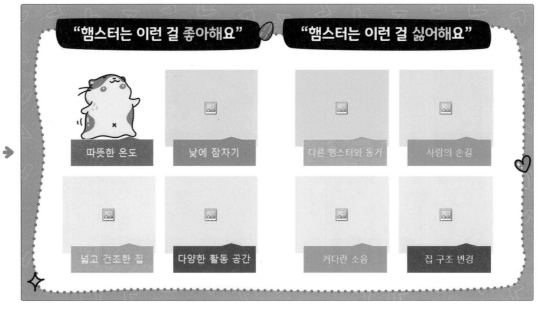

104

 작품을 완성해요

❶ 햄스터의 행동과 비슷한 그림을 넣어 그림형 스마트아트를 완성해 보세요.

 **스스로 만들어요**

실습파일 : 햄스터_연습문제.pptx   완성파일 : 햄스터_연습문제(완성).pptx

❶ 슬라이드에 입력된 내용을 원하는 스마트아트로 변환해 보세요.
  교재에서는 [그림 반투명 벤딩 텍스트형(▢▢)] 스마트아트를 이용했어요.
❷ 이름에 알맞은 그림을 넣어보세요.

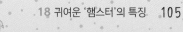

19 '원숭이' 엉덩이는 빨개

배 우 는 기 능

★ 배경제거 기능으로 그림의 불필요한 부분을 지워요.
★ 텍스트 상자를 넣어 말풍선에 대화를 입력해요.

완성 작품 미리보기 ▶ 실습파일 : 원숭이.pptx ▶ 완성파일 : 원숭이(완성).pptx

재미난 동물이야기

　　원숭이 엉덩이는 왜 빨간색일까요? 게와 원숭이가 서로 맛있는 떡을 먹겠다고 다툼을 하다가 게가
집게발로 원숭이 엉덩이를 물어뜯어 빨갛게 되었다는 재미난 유래가 있어요. 그러나 사실 동물에게는 멜라닌
이란 색소가 존재하는데 이 색소가 부족하면 피가 비쳐 빨갛게 보인다고 해요. 사람의 입술도 똑같은 이유로
빨갛게 보이는 것이죠!

창의 놀이터

에도쿠 게임 규칙을 읽어보고 표 안에 들어갈 원숭이 표정을 그려보세요.

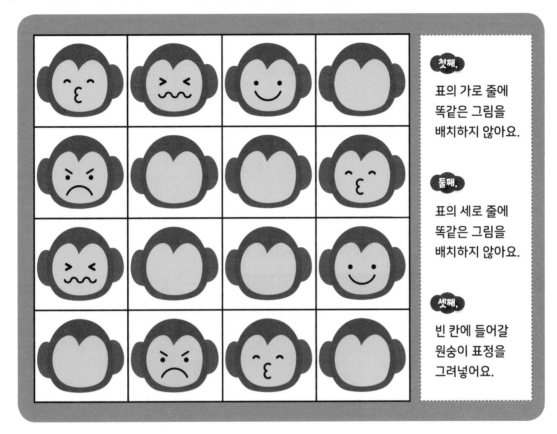

첫째,

표의 가로 줄에 똑같은 그림을 배치하지 않아요.

둘째,

표의 세로 줄에 똑같은 그림을 배치하지 않아요.

셋째,

빈 칸에 들어갈 원숭이 표정을 그려넣어요.

1 남자 아이 사진의 배경을 제거해요!

1 파워포인트 2016 프로그램을 실행하여 [Chapter 19_원숭이]-**원숭이.pptx** 파일을 불러와요.

② [삽입]-[이미지]-**[그림(🖻)]**을 클릭하여 [불러올 파일]-[Chapter 19_원숭이]-**남자아이.jpg**
파일을 삽입해요.

③ 그림이 삽입되면 [서식]-[조정]-**[배경 제거(🖼)]**를 클릭해요.

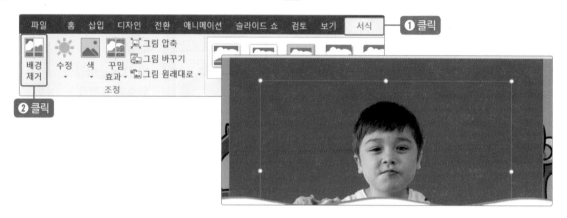

④ [배경 제거]-[고급 검색]-**[제거할 영역 표시(➖)]**를 클릭해요.

⑤ 다음 과정을 참고하여 제거할 부분을 추가해 보세요.

⑥ 동일한 방법으로 얼굴을 제외한 모든 부분을 제거할 영역으로 지정한 다음 `Esc`를 눌러 제거된 배경을 확인해요.

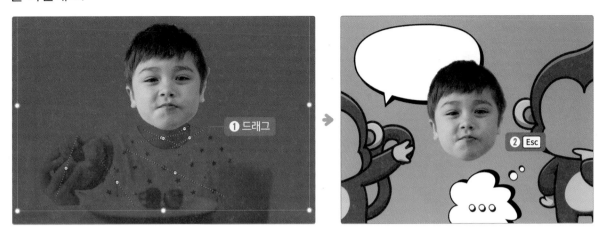

팁 배경을 제거할 때 참고해 주세요.

배경 제거 기능을 선택하고 나니 인물 주변의 배경이 자주색으로 변경되었죠? 자주색으로 처리된 곳은 삭제될 부분이랍니다. 제거할 영역 표시가 많을수록 정확한 결과를 얻을 수 있어요.

② **원숭이와 얼굴을 합성한 다음 텍스트 상자를 넣어요!**

① 사진의 크기가 너무 커서 다음 작업이 힘들어요. [서식]-[크기]-**[자르기(🖼)]**를 클릭한 다음 **자르기 조절점(⌐)**을 이용하여 얼굴을 제외한 부분을 잘라주세요

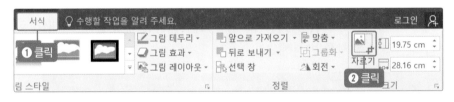

② 다음 과정을 참고하여 왼쪽 원숭이와 얼굴을 합성해 보세요.

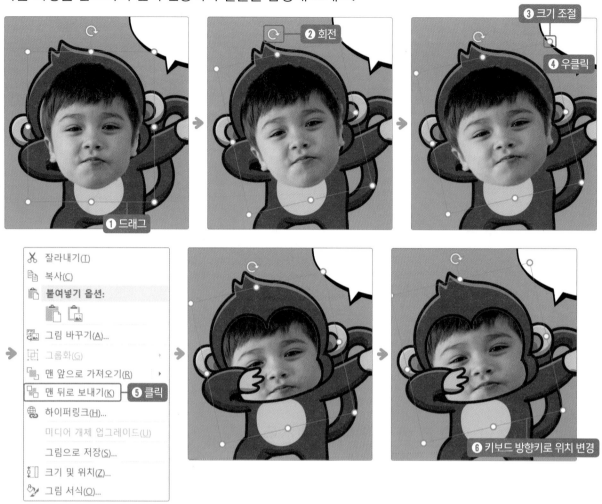

③ [삽입]-[텍스트]-[**가로 텍스트 상자 그리기(▭)**]를 클릭한 다음 말풍선 부분을 선택해요. 커서가 깜빡이면 원하는 내용을 입력한 다음 위치를 변경해요.

 작품을 완성해요

❶ 여자 아이 그림을 삽입한 다음 배경을 제거하고 오른쪽 원숭이와 합성해 주세요.

❷ 말풍선에 입력된 텍스트의 글꼴 서식을 변경해 보세요.

 **스스로 만들어요** 실습파일 : 원숭이_연습문제.pptx 완성파일 : 원숭이_연습문제(완성).pptx

❶ 각 슬라이드마다 삽입된 원숭이 그림의 배경을 제거해 보세요.

  ※ 투명 처리를 하지 말하야 하는 부분은 '보관할 영역 표시'를 선택한 다음 해당 부분을 드래그해요.

❷ [서식]-[그림 스타일]-[그림 효과]-[부드러운 가장자리] 효과를 적용하여 배경이 제거된 그림의
   경계를 자연스럽게 만들 수 있어요.

20 '캥거루' 아기주머니와 이름의 비밀

★ 하이퍼링크를 넣어 원하는 슬라이드로 이동할 수 있어요.
★ 슬라이드 쇼 설정을 변경해요.

완성 작품 미리보기

▶ 실습파일 : 캥거루.pptx   ▶ 완성파일 : 캥거루(완성).pptx

재미난 동물이야기

    캥거루의 임신 기간은 30일로 매우 짧은 편에 속하며 새끼 캥거루는 2.5cm, 1g으로 어린이의 엄지손가락만큼 작은 크기로 태어나요. 이렇게 태어난 새끼 캥거루는 어미 캥거루의 아기 주머니 안에서 젖을 먹이고 따뜻하게 보호를 하다가, 6개월 정도의 기간이 지나면 아기 주머니 밖으로 얼굴을 내밀고 세상과 마주하게 되지요.

창의 놀이터

호주와 관련된 단어를 찾아보고, 새롭게 찾은 단어가 있다면 친구들과 비교해 보세요!

▶ 주머니, 코알라, 악어, 사슴, 야생, 호주, 다람쥐, 호랑이, 근육, 권투, 달리기

1 특정 슬라이드로 이동하는 하이퍼링크를 삽입해요!

① 파워포인트 2016 프로그램을 실행하여 [Chapter 20_캥거루]-**캥거루.pptx** 파일을 불러와요.

② [슬라이드 1]에서 '**첫회부터**' 단추를 선택한 다음 [삽입]-[링크]-[**하이퍼링크(🌐)**]를 클릭해요.

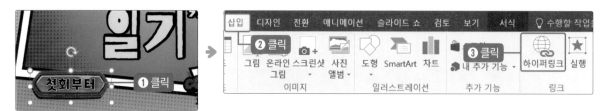

▲ [슬라이드 1]

팁 **하이퍼링크란 무엇인가요?**

하이퍼링크란 특정 부분을 클릭했을 때 문서의 다른 부분으로 이동할 수 있는 기능을 말해요. 현재 사용 중인 문서나 전혀 다른 문서에도 적용시킬 수 있으며, 인터넷 사이트로도 이동이 가능하답니다.

③ 아래와 같이 옵션을 지정한 다음 <확인>을 클릭해요. '**첫회부터**' 단추를 누르면 [**슬라이드 2**]로 넘어 가도록 지정하는 과정이에요.

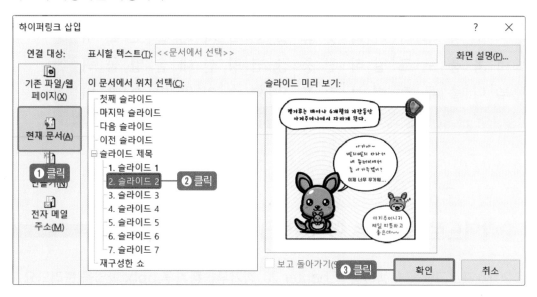

팁 **적용된 하이퍼링크를 확인해요!**

F5 를 눌러 슬라이드 쇼를 실행한 다음 [슬라이드 1]에서 '첫회부터' 단추에 마우스 커서를 올리면 마우스 포인터가 🖑 모양으로 바뀌고, 해당 부분을 클릭하면 [슬라이드 2]로 이동하는 것을 확인할 수 있어요.

② 다음 슬라이드로 이동하는 하이퍼링크를 삽입해요!

❶ 이번에는 [슬라이드 2]에서 '오른쪽 화살표' 단추를 선택한 다음 [삽입]-[링크]-[하이퍼링크(🌐)]
를 클릭해요.

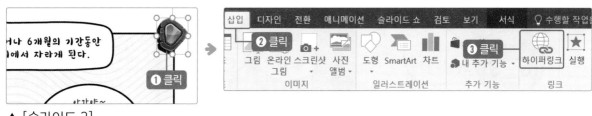

▲ [슬라이드 2]

❷ 아래와 같이 옵션을 지정한 다음 <확인>을 클릭해요. '오른쪽 화살표' 단추를 누르면 다음 슬라이드
로 넘어가도록 지정하는 과정이에요.

❸ 다음 과정을 참고하여 하이퍼링크가 지정된 '오른쪽 화살표' 단추를 복사하여 [슬라이드 3]에 붙여
넣어주세요.

▲ [슬라이드 2]　　　　　▲ [슬라이드 3]　　　　　▲ [슬라이드 3]

④ 복사된 '오른쪽 화살표' 단추를 [슬라이드 4] ~ [슬라이드 6]에도 똑같이 붙여 넣어주세요.

▲ [슬라이드 4]　　　　　▲ [슬라이드 5]　　　　　▲ [슬라이드 6]

③ 슬라이드 쇼 설정을 변경해요!

① [슬라이드 쇼]-[설정]-[슬라이드 쇼 설정(🖥)]을 클릭해요.

② 쇼 형식을 다음과 같이 선택한 다음 <확인>을 클릭해요.

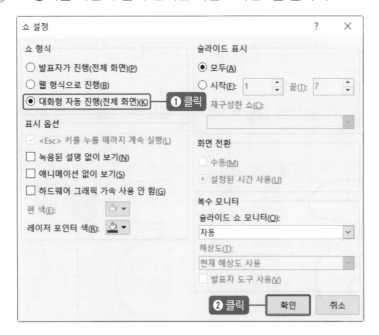

팁 쇼 형식을 바꾸는 이유는 무엇인가요?

대화형 자동 진행으로 지정하면 F5 를 눌러 슬라이드 쇼를 실행했을 때 하이퍼링크가 지정되지 않은 부분을 선택하더라도 다음 슬라이드로 넘어갈 수 없어요.

 작품을 완성해요

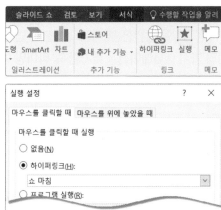

① 마지막 슬라이드의 'X 모양' 단추를 선택 후 [삽입]-[링크]-[실행(★)]을 클릭해요.

② 하이퍼링크를 쇼 마침으로 선택한 다음 <확인>을 클릭해요.

③ F5 를 눌러 슬라이드 쇼를 실행한 다음 마지막 슬라이드의 'X 모양' 단추를 눌렀을 때 슬라이드 쇼가 종료되는지 확인해요.

 **스스로 만들어요**

실습파일 : 캥거루_연습문제.pptx   완성파일 : 캥거루_연습문제(완성).pptx

① [슬라이드 1]의 '서식지, 크기, 종류, 먹이'를 선택했을 때 알맞은 슬라이드로 이동할 수 있도록 하이퍼링크를 삽입해 보세요.

② [슬라이드 2] ~ [슬라이드 5]에 [실행 단추-실행단추: 홈(🏠)] 도형을 넣어 첫 번째 슬라이드로 이동할 수 있도록 해요. 실행 단추를 이용하면 하이퍼링크가 자동으로 삽입되어 편리해요.

③ 홈 단추에 원하는 도형 스타일을 적용해 봐요.

21 점프의 왕 '돌고래'

배 우 는 기 능

★ 슬라이드에 동영상을 삽입한 후 비디오 옵션을 변경해요.
★ 그림에 여러 가지 애니메이션을 추가한 후 타이밍 항목을 변경해요.

완성 작품 미리보기

▶ 실습파일 : 돌고래.pptx   ▶ 완성파일 : 돌고래(완성).pptx

재미난 동물이야기

　돌고래는 주둥이가 길게 튀어나와있고 웃고 있는 것처럼 보이는 귀여운 표정이 특징이지요. 돌고래가 바다에서 점프를 하는 이유를 알고 있나요? 다양한 이유가 있겠지만 특히 포식자로부터 위협을 받거나, 먹이를 발견했을 때 등 큰 일이 벌어졌을 때 점프를 한다고 해요. 또한 몸에 붙은 따개비나 기생충을 떼어내기 위해서도 점프를 한다고 합니다.

가로/세로 열쇠를 참고하여 재미있는 십자말풀이를 완성해 보세요.

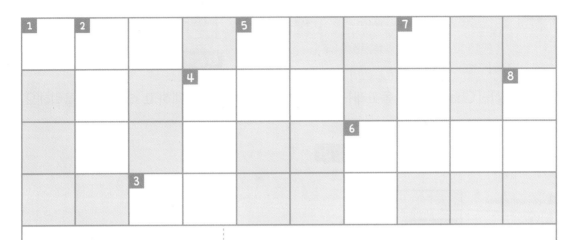

가로열쇠

1. 오늘 배울 동물의 이름

3. 뚱뚱한 핑크색 불가사리 캐릭터

4. 크리스마스 캐롤의 대표 곡 이름

6. 바닷속 배경 만화 제목, 네모바지

세로열쇠

2. 구워 먹거나 쪄먹기도 하고 튀겨서도 먹는 겨울철 별미

4. 바닷속 배경 만화에 등장하며 마인크래프트 주민과 닮은꼴

5. 우리나라 고유의 글자. 훈민정음이라고도 부름

6. 절에서 볼 수 있으며 불교에 입문한 수행자

7. 혼자서 음악을 듣기 위해 귀에 끼우는 소형 장치

8. 김과 밥을 펼치고 다양한 재료를 넣고 만드는 음식

1 슬라이드에 동영상을 넣어요!

1 파워포인트 2016 프로그램을 실행하여 [Chapter 21_돌고래]-**돌고래.pptx** 파일을 불러와요.

❷ [삽입]-[미디어]-[비디오(▭)] → **[내 PC의 비디오]**를 클릭해요.

❸ [불러올 파일]-[Chapter 21_돌고래]-**바다풍경.mp4** 파일을 선택하고 <삽입>을 클릭해요.

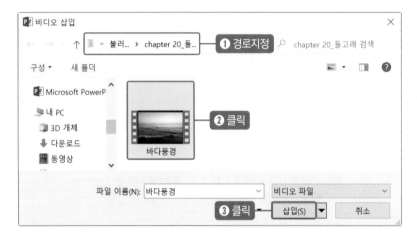

❹ 동영상이 삽입되면 동영상 주변의 조절점(○)을 이용하여 슬라이드 크기와 똑같이 맞춰주세요.

❺ 동영상이 바로 실행될 수 있도록 [재생]-[비디오 옵션] → **[자동 실행]**을 선택해요.

② 돌고래 그림에 나타나기 애니메이션을 적용해요!

① 그림을 동영상 앞으로 가져올 수 있도록 동영상 위에서 마우스 오른쪽 버튼을 눌러 **[맨 뒤로 보내기]** 를 선택해요.

② 슬라이드 바깥쪽에 있는 돌고래의 크기와 위치를 아래와 같이 맞춰주세요. 그 다음 [애니메이션]-[애니메이션] → **[올라오기(★)]** 를 클릭해요.

③ [애니메이션]-[타이밍]에서 **'시작'** 을 **'이전 효과와 함께'** 로 변경해요.

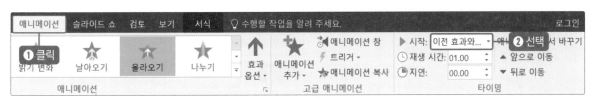

3 돌고래 눈에 강조하기 애니메이션을 적용해요!

① 슬라이드 바깥쪽에 있는 돌고래 눈의 크기와 위치를 아래와 같이 맞춰주세요. 그 다음 [애니메이션]-[고급 애니메이션]-[애니메이션 추가(★)] → **[추가 나타내기 효과]**를 클릭해요.

② **[기본 효과-흩어 뿌리기]**를 선택한 다음 <확인>을 클릭해요.

③ [애니메이션]-[고급 애니메이션]-**[애니메이션 창]**을 클릭해요.

④ 오른쪽 애니메이션 창에서 활성화된 목록을 더블 클릭한 다음 옵션을 변경해요.

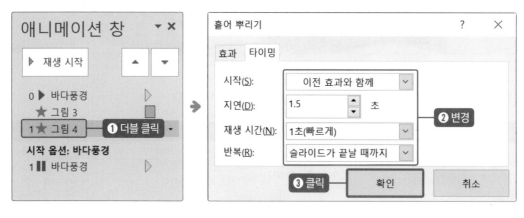

⑤ F5를 눌러 적용된 애니메이션을 확인해 보세요.

 작품을 완성해요

① 슬라이드 주변의 그림을 활용하여 애니메이션을 자유롭게 완성해요. 애니메이션의 종류와 타이밍은 원하는 대로 지정해 보세요.

 스스로 만들어요

실습파일 : 돌고래_연습문제.pptx   완성파일 : 돌고래_연습문제(완성).pptx

① [슬라이드 1]에 삽입된 그림들에 원하는 나타내기 애니메이션을 적용해요.
  • 애니메이션 적용 순서 : 귀여운 ▶ 바닷속 ▶ 돌고래 ▶ 돌고래 그림

② [슬라이드 2]에 '돌고래인형.mp4' 동영상을 삽입한 다음 동영상 스타일을 적용해 보세요.

③ 동영상이 자동으로 실행될 수 있도록 옵션에서 '자동 실행'을 선택해요.

22 생김새가 다른 '여우'

배 우 는 기 능

★ 슬라이드 마스터를 이용하여 여러 개의 슬라이드에 똑같은 배경을 만들 수 있어요.
★ 슬라이드 전환 효과를 적용해요.

완성 작품 미리보기

▶ 실습파일 : 여우.pptx   ▶ 완성파일 : 여우(완성).pptx

재미난 동물이야기

　　책이나 만화에 자주 출현하는 귀여운 여우는 의외로 강인한 동물이에요. 지구상에서 가장 더운 지역에는 사막 여우, 가장 추운 지역에는 북극 여우가 살아요. 그 둘은 매우 다르게 생겼지만 특히 귀의 모양이 달라요. 사막 여우의 귀는 매우 큰 편인데, 사막의 열을 귀로 내보내기 때문이에요. 반대로 북극 여우는 열을 지켜야 해서 귀가 매우 작답니다.

창의 놀이터

숲속에 숨어있는 동물 친구들을 찾아보세요.

1 슬라이드 마스터를 적용해요!

1 파워포인트 2016 프로그램을 실행하여 [Chapter 22_여우]–**여우.pptx** 파일을 불러와요.

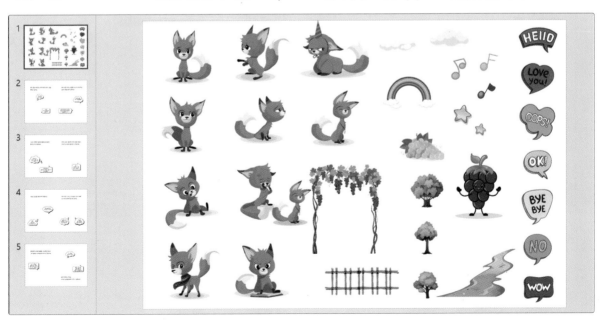

② [보기]-[마스터 보기]-**[슬라이드 마스터(▢)]**를 클릭해요.

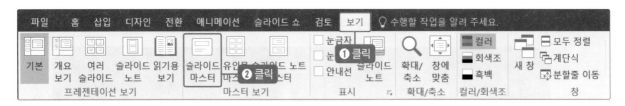

③ 다음과 같은 화면이 나오면 **맨 위쪽(Office 테마 슬라이드 마스터)** 슬라이드를 선택해 주세요.

④ 슬라이드의 배경을 바꾸기 위해 **슬라이드의 빈 곳** 위에서 마우스 오른쪽 버튼을 눌러 **[배경 서식]**을 클릭해요.

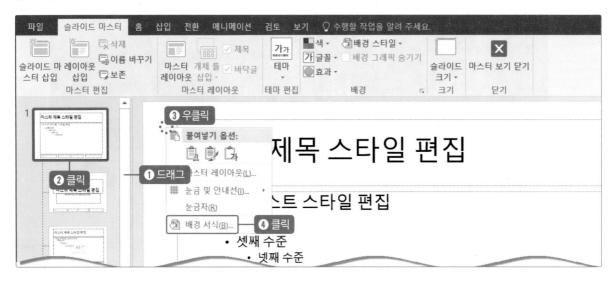

⑤ 오른쪽 창이 나타나면 **'그림 또는 질감 채우기'**를 선택한 다음 <파일>을 클릭해요.

⑥ [불러올 파일]-[Chapter 22_여우]-**입체북.png** 파일을 선택하고 <삽입>을 클릭해요.

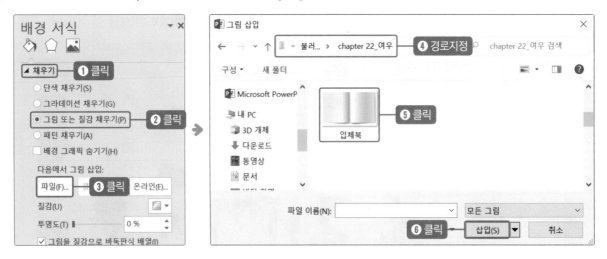

팁 슬라이드 마스터가 뭐예요?

도형, 그림, 글자 등을 한 곳에만 넣어도 전체 슬라이드에 적용시킬 수 있어요. 슬라이드 마스터는 여러 개의 슬라이드를 편리한 방법으로 관리하기 위한 기능이라고 할 수 있지요.

7 [슬라이드 마스터]-[닫기]-[마스터 보기 닫기(❎)]를 클릭한 다음 각각의 슬라이드에 적용된 입체 북 배경을 확인해 보세요.

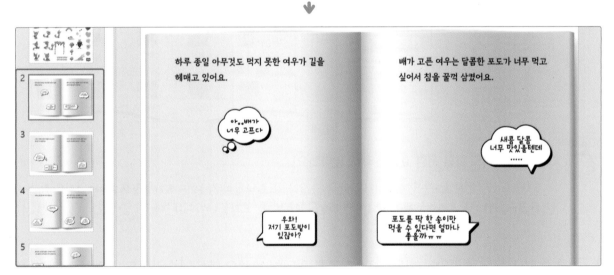

팁 [슬라이드 1]에는 배경이 적용되지 않았어요!

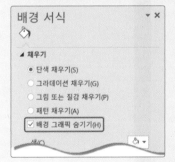

불러올 파일에서 [슬라이드 1]에는 슬라이드 마스터가 적용되지 않도록 지정했기 때문이에요.

오른쪽 배경 서식 창에서 '배경 그래픽 숨기기'를 체크하면 해당 슬라이드에는 슬라이드 마스터가 적용되지 않아요.

② 슬라이드 화면 전환 효과를 적용해요!

① 슬라이드 축소판 그림창에서 [슬라이드 2]를 선택한 다음 Shift 를 누른 채 [슬라이드 5]를 클릭해요.

② [전환]-[슬라이드 화면 전환]- ▾ 를 클릭한 다음 **[화려한 효과-페이지 말아 넘기기(■)]**를 선택해요.

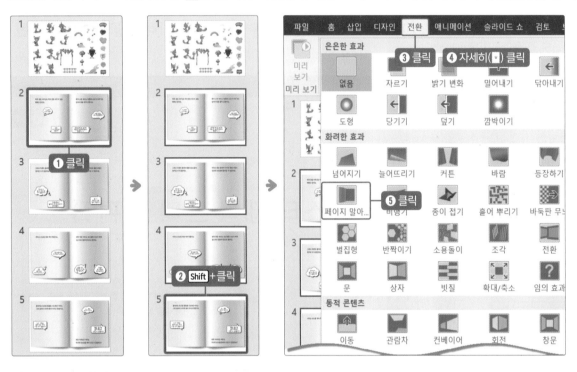

 팁 슬라이드 화면 전환 효과에 대해 알아봐요!

슬라이드 화면 전환 효과는 현재 슬라이드에서 다음 슬라이드로 바뀔 때 적용되는 효과를 말해요. 파워포인트에서는 굉장히 많은 화면 전환 효과들을 제공하고 있지만 오늘은 책을 넘기는 효과를 내기 위해 '페이지 말아 넘기기'를 선택했어요.

③ F5 를 눌러 적용된 슬라이드 화면 전환 효과를 확인해 보세요. 현재 [슬라이드 1]에는 효과가 적용되지 않았으니 참고하세요!

 작품을 완성해요

① 첫 번째 슬라이드의 그림들을 이용하여 동화책의 내용을 재미있게 완성해 보세요.
   복사(Ctrl + C) / 붙여넣기(Ctrl + V)
② 첫 번째 슬라이드를 삭제하여 동화책의 내용만 남겨주세요.

 스스로 만들어요

실습파일 : 여우_연습문제.pptx   완성파일 : 여우_연습문제(완성).pptx

① 슬라이드 마스터 보기에서 맨 위쪽 슬라이드 주변의 그림으로 초대장을 예쁘게 꾸민 다음 불필요한 그림을 삭제해 주세요.
② 슬라이드 마스터를 종료한 다음 생일에 초대하려는 동물의 이름(별명)을 '받는 동물'에 적어 보세요.

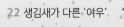

 **23** '나무늘보'가 야생에서 사는 법

배 우 는 기 능

★ 다양한 방법으로 개체에 하이퍼링크를 삽입한 후 게임에 필요한 장애물을 만들어요.
★ 파일을 쇼 형식으로 저장해요.

완성 작품 미리보기   ▶ 실습파일 : 나무늘보.pptx   ▶ 완성파일 : 나무늘보(완성).pptx

재미난 동물이야기

　　나무늘보는 1분에 최대 2m 정도를 움직일 수 있고, 하루 중 16시간 이상은 잠을 자면서 시간을 보냅니다. 그렇다면 사나운 동물들이 날렵하게 사냥을 하는 야생에서는 어떻게 살아남을 수 있을까요? 정답은 최대한 움직이지 않는 것이라고 해요. 특히 나뭇가지에 매달린 채 움직이지 않아 털에 이끼가 생기면 다른 동물들에게는 그저 나무의 혹이나 개미 둥지 정도로만 보이게 하는 것이죠!

야생 동물들의 모습을 관찰한 후 알맞은 그림자를 찾아 체크 표시해 보세요.

1 게임 단추에 하이퍼링크를 적용해요!

① 파워포인트 2016 프로그램을 실행하여 [Chapter 23_나무늘보]−나무늘보.pptx 파일을 불러와요.

② [슬라이드 1]에서 '**게임방법**' 단추를 선택한 다음 [삽입]-[링크]-[**하이퍼링크(🌐)**]를 클릭하여
[현재 문서]-슬라이드 2를 지정해요.

▲ [슬라이드 1]

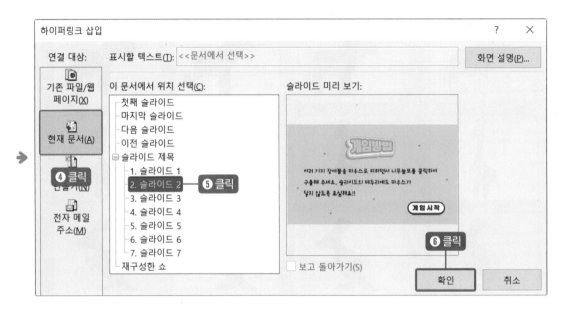

③ 다음을 참고하여 각각의 단추에 하이퍼링크를 지정해 보세요.

· [슬라이드 1]의 '**게임시작**' 단추
  → [슬라이드 3]으로 하이퍼링크 지정

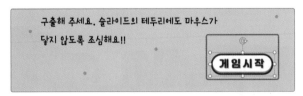

· [슬라이드 2]의 '**게임시작**' 단추
  → [슬라이드 3]으로 하이퍼링크 지정

· [슬라이드 3]의 '**START**' 단추
  → [슬라이드 4]로 하이퍼링크 지정

· [슬라이드 7]의 '**다시시작**' 단추
  → [슬라이드 3]으로 하이퍼링크 지정

2 장애물을 추가해요!

① F5를 눌러 슬라이드 쇼를 실행한 다음 게임을 해보세요.

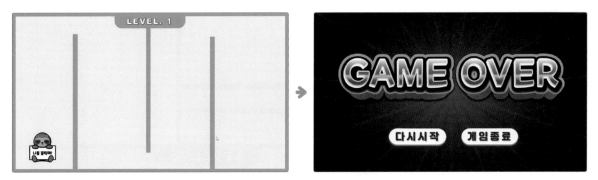

💡 **팁** **미리 하이퍼링크를 적용했어요!**

• [슬라이드 4]와 [슬라이드 5]에서는 녹색 벽(장애물)에 닿으면 게임이 종료돼요.

• 녹색 벽(장애물)을 지나 나무늘보를 선택하면 다음 단계로 이동할 수 있어요.

② 이번에는 [슬라이드 5]에 장애물을 추가해 볼게요. [슬라이드 5]를 선택한 다음 Ctrl을 누른 채 만들어진 **장애물을 드래그하여 복사**해요.

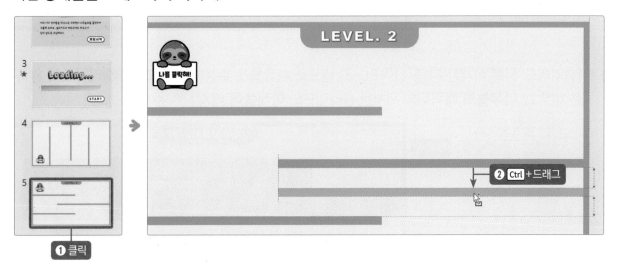

③ [서식]-[도형 삽입]-[도형 편집] → **[도형 모양 변경]**에서 원하는 도형을 선택해요.

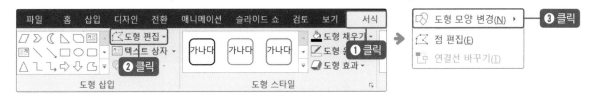

④ 장애물이 선택한 모양으로 변경된 것을 확인한 후 **크기와 위치**를 자유롭게 바꿔보세요.

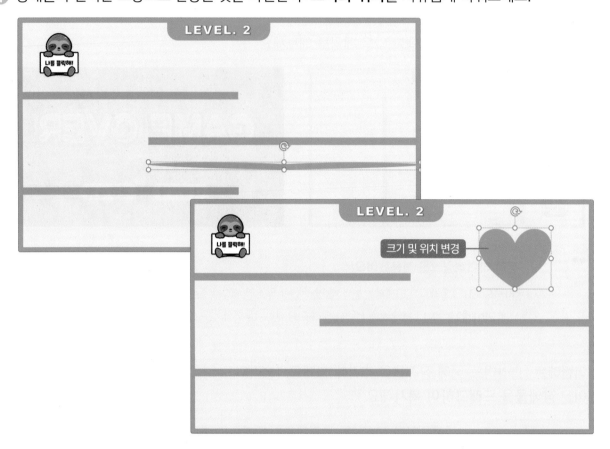

⑤ [슬라이드 5]를 복제한 다음 'LEVEL. 3' 맵으로 자유롭게 수정해 보세요. 단, 슬라이드의 왼쪽 상단은 비우고, **나무늘보 캐릭터**의 위치는 슬라이드의 **아래쪽에 배치**시켜 주세요.

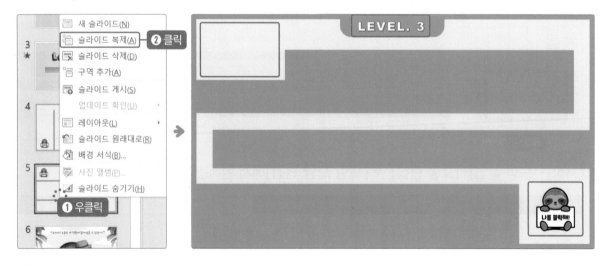

🧪 **마우스 시작의 위치와 나무늘보의 위치를 이해해요!**

'LEVEL. 2' 맵에서 왼쪽 상단에 나무늘보를 클릭하면 다음 슬라이드인 'LEVEL. 3'으로 넘어가지만 마우스 포인터는 마지막 클릭 위치 그대로 이어져요. 게임 난이도 조절을 위하여 마우스가 시작되는 부분과 먼 거리에 나무늘보를 배치하는 것이 좋아요.

 작품을 완성해요

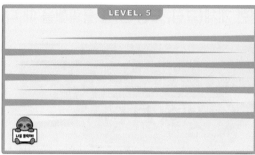

▲ [슬라이드 7]　　　　　　　　　　　▲ [슬라이드 8]

❶ [슬라이드 6]을 복제하여 다음 레벨의 맵을 자유롭게 만들어 보세요.

❷ 게임과 같은 형태로 저장하기 위해 [파일]-[다른 이름으로 저장]-[찾아보기]를 클릭한 다음 파일 형식을 'PowerPoint 쇼'로 선택하여 저장해 보세요.

 스스로 만들어요　　실습파일 : 나무늘보_연습문제.pptx　　완성파일 : 나무늘보_연습문제(완성).pptx

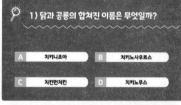

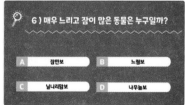

- [슬라이드 1]의 <게임시작>
  → [슬라이드 2]로 연결
- [슬라이드 2]~[슬라이드 7]의 정답 텍스트(하이퍼링크 편집)
  → 다음 슬라이드로 연결
- [슬라이드 9]의 <다시시작>
  → [슬라이드 1]로 연결

❶ 넌센스 퀴즈를 완성하기 위해 알맞은 하이퍼링크를 삽입해 보세요. [슬라이드 2]~[슬라이드 7]의 모든 답안은 미리 GAME OVER(마지막 슬라이드)로 연결해 놓았어요.

❷ 게임과 같은 형태로 저장하기 위해 [파일]-[다른 이름으로 저장]-[찾아보기]를 클릭한 다음 파일 형식을 'PowerPoint 쇼'로 선택하여 저장해 보세요.

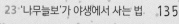

퀴즈를 풀어보면서 지금까지 배운 내용을 정리해요.

1 특정한 개체(그림, 도형 등)를 클릭했을 때 다른 슬라이드로 이동할 수 있는 기능은 무엇일까요?

① 애니메이션

② 스마트아트

③ 하이퍼링크

④ 좌우대칭

2 동일한 작업을 한 번에 모든 슬라이드에 적용할 수 있는 기능은 무엇일까요?

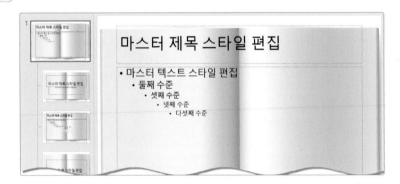

① 유인물 마스터

② 슬라이드 노트

③ 슬라이드 마스터

④ 여러 슬라이드

3 다음 슬라이드 또는 이전 슬라이드로 이동할 때 '페이지 말아 넘기기' 등의 효과를 적용할 수 있어요. 이 기능의 이름은 무엇일까요?

① 애니메이션   ② 슬라이드 화면 전환   ③ 사진 앨범   ④ 비디오

4 귀여운 햄스터가 싫어하는 행동을 한 가지만 적어보세요.

5 북극 여우와 사막 여우 모습 중 가장 크게 다른 부분을 적어보세요.

아래 작업 순서를 참고하여 슬라이드를 완성해요.

실습파일 : 24_연습문제.pptx   완성파일 : 24_연습문제(완성).pptx

작업 순서

❶ [슬라이드 1]에 텍스트 상자를 삽입하여 받는 사람의 이름을 적어보세요.
- 텍스트 상자 삽입 : [삽입]-[텍스트]-[가로 텍스트 상자 그리기(🔠)]

❷ 슬라이드 마스터에서 맨 위쪽 슬라이드의 배경으로 '노트' 이미지를 삽입해 보세요.
- 슬라이드 마스터 경로 : [보기]-[마스터 보기]-[슬라이드 마스터(🖵)]
- 슬라이드 마스터 닫기 : [슬라이드 마스터]-[닫기]-[마스터 보기 닫기(❌)]

❸ [슬라이드 2]부터 친구에게 전하고 싶은 내용을 입력해요. 슬라이드를 추가하면서 내용을 짧게 입력하는 것이 좋아요.
- 슬라이드 추가 : [홈]-[슬라이드]-[새 슬라이드(🖼)]

❹ 내용 입력이 완성된 슬라이드에 그림을 삽입한 후 필요한 부분을 잘라 예쁘게 꾸며보세요.
- 그림 삽입 : [삽입]-[이미지]-[그림(🖼)]
- 그림 자르기 : [서식]-[크기]-[자르기(🖼)]

❺ 각각의 슬라이드에 여러 가지 슬라이드 화면 전환 효과를 적용해 보세요. [화려한 효과-벗겨내기]를 이용하면 스케치북을 넘기는 효과를 낼 수 있어요
- [전환]-[슬라이드 화면 전환]-▾

페이퍼 토이

준비물 : 칼, 가위, 풀

우끼끼
우끼끼

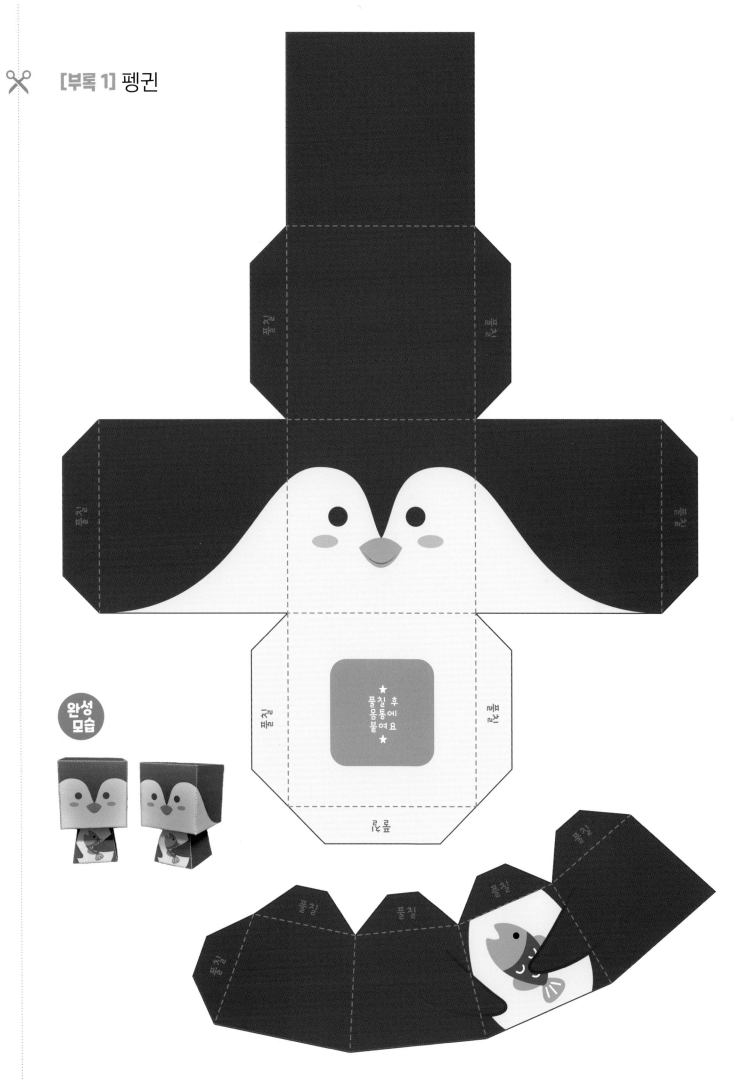

완성
모습

★
풀칠 후에요
몸통에 붙여요
★

풀칠

풀칠

풀칠

풀칠

풀칠

풀칠

풀칠

풀칠

풀칠

풀칠

풀칠

보조

풀칠

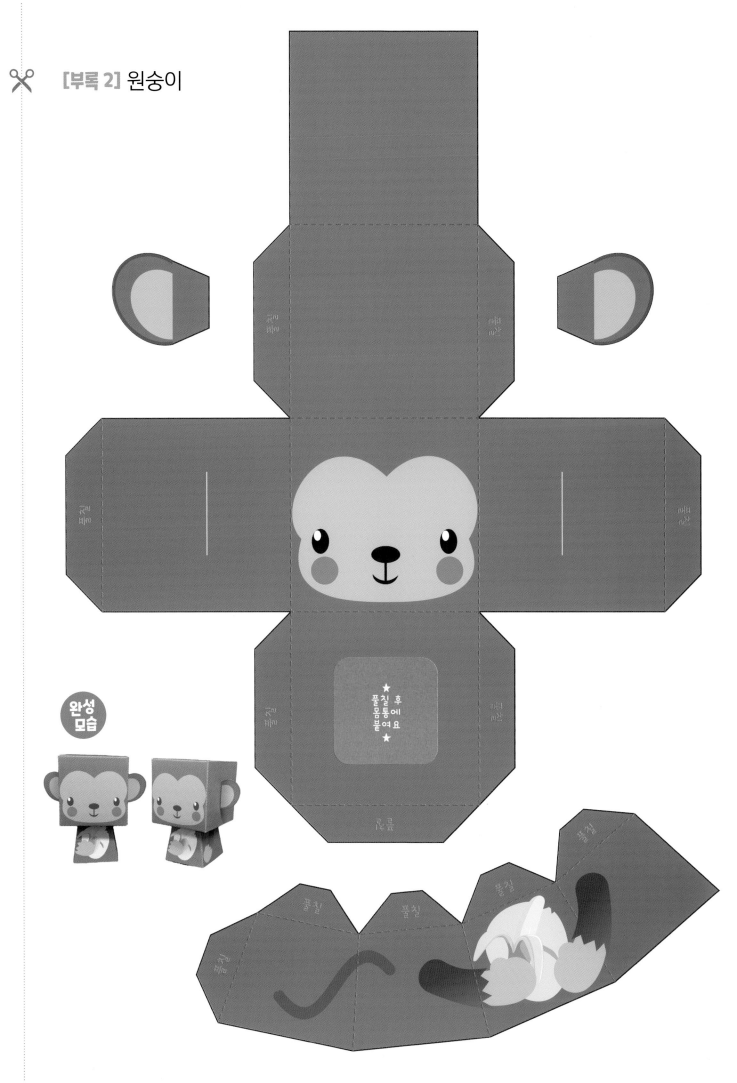

[부록 2] 원숭이

완성
모습

★
풀칠 후에
몸통에
붙여요
★

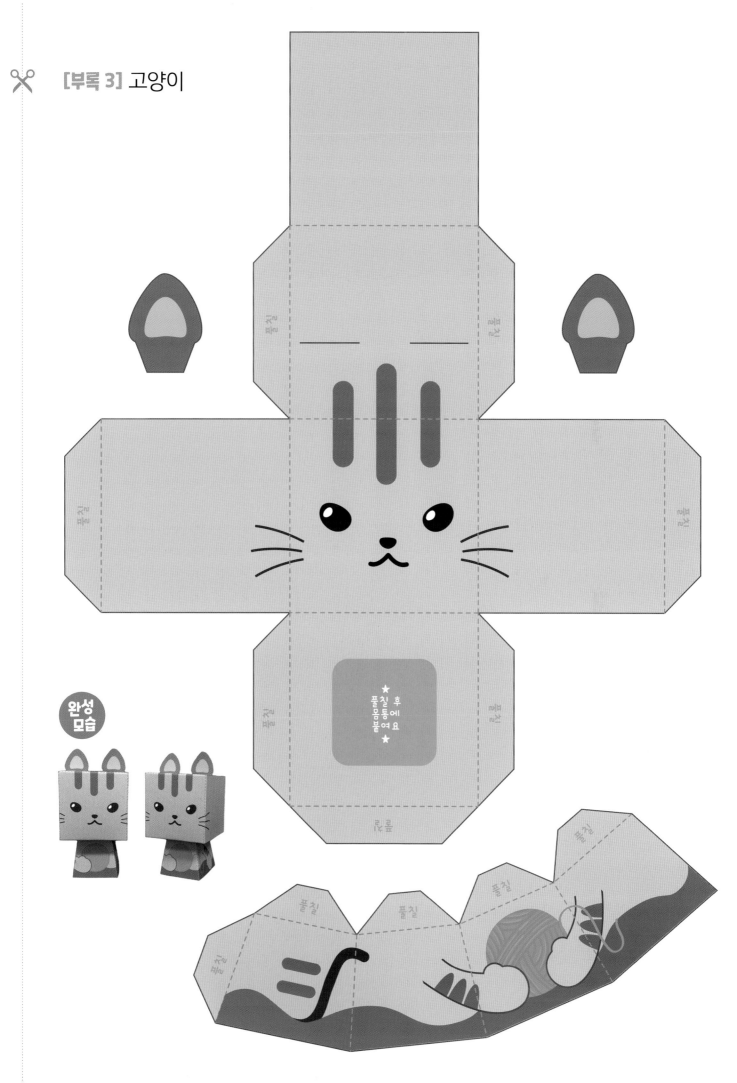

[부록 3] 고양이

완성
모습

풀칠

풀칠

풀칠

풀칠

풀칠

풀칠

★
풀칠 후에
몸통에
붙여요
★

풀칠

풀칠

풀칠

풀칠

풀칠

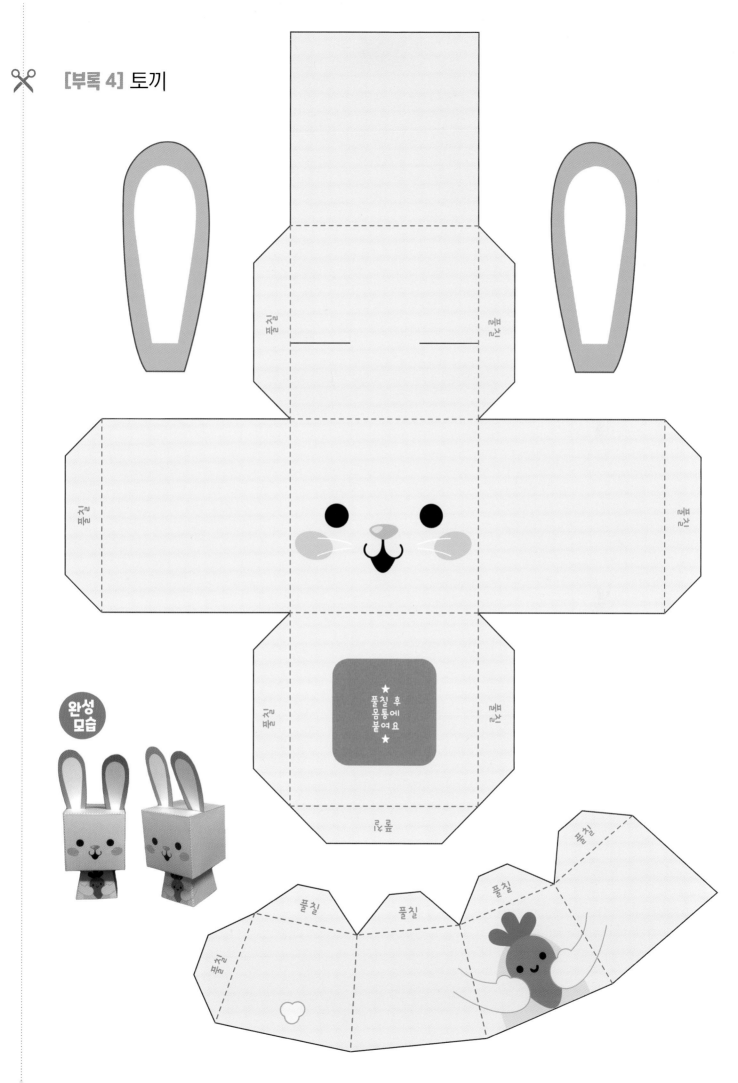

[부록 4] 토끼

표칠

풀칠

풀칠

풀칠

풀칠

풀칠

★
풀칠 후에
몸통에
붙여요
★

풀칠

완성
모습

풀칠

풀칠

풀칠

풀칠